Doina Vorosan

Wie Unternehmen neue Strategien erfolgreich implementieren

Erfolgsfaktoren und Handlungsempfehlungen für ein gelungenes Change Management

AF295401

Bibliografische Information der Deutschen Nationalbibliothek:

Die Deutsche Nationalbibliothek verzeichnet diese Publikation in der Deutschen Nationalbibliografie; detaillierte bibliografische Daten sind im Internet über http://dnb.d-nb.de abrufbar.

Impressum:

Copyright © EconoBooks 2021

Ein Imprint der GRIN Publishing GmbH, München

Druck und Bindung: Books on Demand GmbH, Norderstedt, Germany

Covergestaltung: GRIN Publishing GmbH

Abstract

Das Ziel der vorliegenden Bachelor-Thesis bestand darin, die wichtigsten Erfolgsfaktoren und dazugehörigen Handlungsempfehlungen für die Phase der Strategieimplementierung am Beispiel eines IT-Unternehmens zu identifizieren, theoretisch zu beschreiben und empirisch zu überprüfen. Dazu wurden 67 Mitarbeiter mittels der quantitativen Erhebungsmethode befragt.

Die Ergebnisse bestätigen zum großen Teil, dass der Mensch, die Unternehmenskultur sowie die Emotionen erfolgsmaßgebend bei der Strategieumsetzung sind. Des Weiteren geht aus den Ergebnissen hervor, dass die Kommunikation in Veränderungsprozessen die Akzeptanz, das Commitment für den Wandel sowie die Identifikation mit dem Wandel positiv beeinflusst. Diese wurde durch die Befragten als wichtigste Handlung eingestuft. Kompetente Führungskräfte mit klar definierten Rollen und Verantwortlichkeiten sind unabdingbar, um die Betroffenen zu motivierten Beteiligten zu machen, die den Wandel mitgestalten und mittragen. Die Wichtigkeit eines guten Umgangs mit Fehlern, Konflikten und Widerständen wurde ebenso bestätigt.

Die Bachelor-Thesis ist sowohl für die Mitarbeiter und Führungskräfte des IT-Unternehmens als auch für alle von Veränderungen betroffenen Unternehmen interessant bis hin zu Privatpersonen, die sich in einer Veränderungsphase befinden.

Inhaltsverzeichnis

1 Einleitung

Die heutige schnelllebige Zeit, die von der Digitalisierung und der Technologisierung geprägt ist, stellt Unternehmen aller Größen und Branchen vor große Herausforderungen. Dabei geht es nicht nur um veränderte technologische Prozesse und Projekte, sondern auch um Unternehmensveränderungen strategischer Natur. Dem US-amerikanischen Wirtschaftshistoriker und Ökonom, *Alfred J. Chandler jr.* zufolge bringt die Strategieentwicklung auch Anpassungen der Organisation mit sich.[1]

1.1 Problemstellung

Die global-wirtschaftlichen Rahmenbedingungen werden durch technologische, politische und gesellschaftliche Faktoren rasant verändert. Auch die Entscheidungsprozesse in Unternehmen werden von erhöhter Mehrdeutigkeit, Komplexität und Unsicherheit geprägt.[2] Ein Bewusstseinswandel aller Beteiligten, dass die Welt "keine kontrollierbare Maschine, sondern ein lebender Organismus, bei dem alles miteinander verbunden ist"[3], ist in diesem Kontext überlebensnotwendig.

Eine lernfähige Organisation unterliegt einer kontinuierlichen Anpassung der Strategie[4] und versteht die Notwendigkeit des Change Managements für die erfolgreiche Ausrichtung der Organisation(-sstrukturen) an die sich stetig wandelnden Umwelt- und Rahmenbedingungen.[5] Neben den Dimensionen Strategie und Prozesse besitzt die dritte Dimension, nämlich die Kultur,[6] einen besonderen Stellenwert und beschäftigt sich mit den subjektiven Aspekten einer Organisation wie Handlungsfreiräume, Sinnhaftigkeit und Zugehörigkeit.[7] Alle drei Dimensionen stehen in wechselseitiger Wirkung zueinander.[8]

---

[1] vgl. *Sztuka* (o. D.)

[2] vgl. *Güttel* (2017), S. 107

[3] *Oberleiter* et al. (2016), S. 47

[4] vgl. *Oberleiter* et al. (2016), S. 79

[5] vgl. *Zelesniack/Grolman* (o. D.)

[6] vgl. *Bertagnolli* et al. (2018), S. 2

[7] vgl. *Wippermann* (2016), S. 42

[8] vgl. *Wippermann* (2016), S. 36

Der Mensch stellt den wichtigsten Faktor für den Erfolg oder das Scheitern von Change Management Projekten dar.[9] Die Führungskräfte und die Organisationsentwickler sind herausgefordert, einen offenen Umgang mit den unterschiedlichen Verhaltensmustern und Denkweisen zu etablieren.[10]

Ein Leistungsabfall im Unternehmen am Beginn eines Wandlungsprozesses ist oftmals die natürliche Folge. Denn auch wenn Veränderungen von allen Mitarbeitern erwartet und als erforderlich angesehen werden, geht mit einem Wandel eine gewisse Unsicherheit einher, da Routinen durchbrochen und Erfahrungen und Kompetenzen entwertet werden.[11] Die Veränderungen werden meist von negativen Emotionen und Widerstand begleitet, mit denen konstruktiv umgegangen werden muss.[12]

1.1.1 Zielsetzung

Bei der Zielsetzung wird zwischen vier Zielarten[13] unterschieden: Haupt-, Teil-, Neben- und Nicht-Ziele. Die Hauptziele der vorliegenden Bachelor-Thesis sind:

- die Ausarbeitung von Erfolgsfaktoren, die für die erfolgreiche Implementierung einer neuen Unternehmensstrategie in einem mittelständischen IT-Unternehmen relevant sind

- die Ableitung von Handlungsempfehlungen, die zur besseren Akzeptanz der Strategie und zur höheren Partizipation bei der Umsetzung beitragen

Das Teilziel der Arbeit umfasst die Beschreibung von zwei beispielhaften Change Management Modellen. Im Rahmen der Nebenziele soll aufgezeigt werden, welche Phasen bei der Konzipierung und Umsetzung einer Strategie zu durchlaufen sind und welchen Stellenwert die Phase der Implementierung besitzt. Die Nicht-Ziele dienen der Abgrenzung des betrachteten Themengebietes.[14] Die Messbarkeit der Erfolgskriterien und Maßnahmen, z. B. in Form von Kennzahlen, ist kein Bestandteil dieser Bachelor-Thesis.

---

[9]   vgl. *Wirtschaftswissen.de* (2018)

[10]   vgl. *Brodbeck* et al. (2014), S. 11

[11]   vgl. *Güttel* (2017), S. 138

[12]   vgl. *Chies* (2016), S. 11

[13] vgl. *Alam/Gühl* (2016), S. 62

[14] vgl. *Alam/Gühl* (2016), S. 62

1.2 Abgrenzung des Themas

Im Grundlagenteil (Kap. 2.1) wird der Begriff des Change Managements erläutert. Auf Gemeinsamkeiten und die Abgrenzung zur Organisationsentwicklung wird nicht eingegangen.

Der Fokus wird auf die Phase der Implementierung gelegt, während die Phasen der Analyse, Planung und Evaluation nur aufgezählt werden. Auf die Relevanz der Bereiche Strategie und Struktur wird in dieser wissenschaftlichen Arbeit nicht dediziert eingegangen. Lediglich die relevanten Erfolgsfaktoren der dritten Dimension des Change Management Dreiecks, nämlich der Unternehmenskultur, werden untersucht. Es wird somit nur der überfachliche[15] Aspekt des Change Managements betrachtet.

Die Erfolgsfaktoren werden im Kap. 2.3 ausgearbeitet, analysiert, interpretiert und durch eine Umfrage verifiziert, ohne dabei auf dessen psychologische Hintergründe und Erscheinungsformen im Alltag einzugehen. Daraufhin werden die Handlungsempfehlungen (Kap. 2.4) ausgearbeitet, beschrieben und verifiziert, ohne jedoch konkrete Maßnahmenkataloge mit Verantwortlichkeiten und Fristen zu erstellen.

1.3 Vorgehensweise

Nach der Erläuterung der Problemstellung (Kap. 1.1), der Beschreibung der Ziele inkl. der dazugehörigen Leitfragen (Kap. 1.1.1) sowie der Themenabgrenzung (Kap. 1.2) wird auf die Hauptbegrifflichkeiten (Kap. 2.1) eingegangen.

Im darauffolgenden Kap. 2.2 wird erklärt, was die Change Management Modelle repräsentieren und warum sie eine hohe Relevanz im Veränderungskontext besitzen. In diesem Zuge werden zwei ausgewählte Modelle näher beschrieben.

Die wichtigsten Erfolgsfaktoren und Handlungsempfehlungen werden in dem Kap. 2.3 bzw. Kap. 2.4 aufgelistet und beschrieben. In dem Theorieteil wird abschließend auf das zu Grunde liegende Fallbeispiel sowie auf die Hintergründe der aktuellen Veränderungssituation des Fallbeispiels eingegangen (Kap. 2.5).

---

[15] vgl. *Chies* (2016), S. 10

Der methodische Teil (Kap. 3) erklärt, mit welchen Methoden die praxisnahe Prüfung der Hypothesen aus dem theoretischen Teil verifiziert werden. Die Ergebnisse der empirischen Untersuchung werden miteinander verglichen und im Kap. 4 zusammengefasst.

Abschließend wird die wissenschaftliche Arbeit zusammengefasst, die Ergebnisse kritisch hinterfragt und ein Fazit gezogen (Kap. 5).

2 Theoretische Grundlagen

In diesem Kapitel werden die Ergebnisse der wissenschaftlichen Recherche zu Grunde liegender Aufgabenstellung dargestellt und erläutert.

2.1 Definition und Abgrenzung der Begrifflichkeiten

Das vorliegende Unterkapitel widmet sich der Schaffung eines gemeinsamen Begriffsrahmens. Dazu werden die Begrifflichkeiten Change Management und Strategie(-implementierung) näher betrachtet sowie Erfolgsfaktoren und Handlungsempfehlungen erläutert.

2.1.1 Strategie(-implementierung)

Der Begriff Strategie setzt sich aus den griechischen Wörtern *stratos* (Armee) und *agein* (führen) zusammen. Erst vor ca. 50 Jahren wurde der einst militärische Begriff erstmals im Unternehmenskontext verwendet.[16]

Nach *Kraewing* ist die Strategie „kein gedankliches Konstrukt. Strategie bedeutet immer auch Umsetzung, denn eine Strategie ist ein Prozess."[17] Sie stellt die Wirtschaftsakteure vor einen ständigen Lern- und Erneuerungsprozess.[18]

Die Begriffe Strategie und Ziel werden oft verwechselt.[19] Während das Ziel das Überleben einer Organisation, Angebotserweiterungen oder neue Markterschließungen bedeuten kann, beschreibt die Strategie den Weg zur Zielerreichung[20] und beinhaltet einen systematischen Plan für die Umsetzung operativer Entscheidungen, wodurch Orientierung und Kohärenz für das Unternehmen geschaffen werden soll.[21] Die Strategie ist ein dynamischer und unternehmensindividueller Prozess mit diversen Elementen und Modellen.[22]

Die strategischen Themenbereiche einer Organisation können aus der Perspektive der Gestaltung (logisch-analytischer Ansatz), der Erfahrung (Produkt individueller Erfahrungen und Kulturen), der Ideen (Ergebnis neuer Ideen aus der und rund um

---

[16] vgl. *Kraewing* (2017), S. 57

[17] *Kraewing* (2017), S. 86

[18] vgl. *Oberleiter* et al. (2016), S. 64

[19] vgl. *Kraewing* (2017), S. 57

[20] vgl. *Wippermann* (2016), S. 37

[21] vgl. *Oberleiter* et al. (2016), S. 79

[22] vgl. *Kraewing* (2017), S. 59

die Organisation) und des Diskurses (Wichtigkeit strategischer Sprache zur Schaffung von Verständnis) betrachtet werden.[23]

Die Strategie wird in einem ganzheitlichen Strategieprozess entwickelt. Die Schritte können bis zur Erreichung eines zufriedenstellenden Ergebnisses iterativ, in flexibler Reihenfolge und/oder mehrmalig durchlaufen werden:[24]

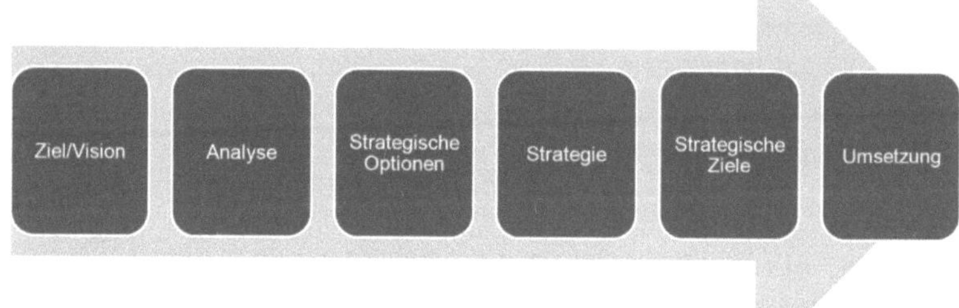

Abbildung 1: Der Strategieprozess.
(Eigene Darstellung, in Anlehnung an Kraewing (2017), S. 61)

Die meisten Herausforderungen von Veränderungsprojekten treten bei der Umsetzung auf. An diesem Punkt des Strategieprozesses ist es dringlichst ratsam, keine Aktivitäten durchzuführen, die konträr zur Strategieumsetzung oder dem strategischen Ziel sind.[25] Die Unternehmensressourcen sollten ausschließlich für die strategiekonformen Maßnahmen verwendet werden.[26] "Bei der Implementierung (Strategie in Aktion) geht es darum, sicherzustellen, dass ausgewählte Strategien auch tatsächlich umgesetzt werden."[27]

Das Change Management spielt hierbei eine erfolgsentscheidende Rolle.[28]

---

[23] vgl. *Johnson* et al. (2011), S. 47

[24] vgl. *Kraewing* (2017), S. 63

[25] vgl. *Kraewing* (2017), S. 62

[26] vgl. *Kraewing* (2017), S. 59

[27] *Johnson* et al. (2011), S. 37

[28] vgl. *Kraewing* (2017), S. 101

2.1.2 Change Management

Die Weiterentwicklung eines Unternehmens kann mittels des Change Managements oder der Organisationsentwicklung erfolgen. Nach *Zelesniack/Grolmann* ist das Change Management „ein ganzheitlicher, integrierter Ansatz [...] und damit offen für verschiedene Bezüge, wie Ziele, Strategien, Geschäftsprozesse, Menschen, Mentalitäten und nicht wie in der Organisationsentwicklung hauptsächlich auf die Organisation fokussiert."[29] Nach *Schewe* beinhaltet der Begriff die „laufende Anpassung von Unternehmensstrategien und -strukturen an veränderte Rahmenbedingungen".[30]

Das Change Management durchläuft vier Phasen: Analyse und Zieldefinition, Orientierung und Information, Umsetzung und Partizipation sowie Integration und Evaluation. Die Phase der Umsetzung und Partizipation stellt oft eine Herausforderung dar, da es um die praktische Durchführung der Maßnahmen und die Aktivierung der Betroffenen geht.[31]

Das primäre Ziel eines Veränderungsprojekts ist die Ausrichtung der entsprechenden Bereiche auf die Anforderungen der Umwelt sowie die Unterstützung der Strategieumsetzung.[32] Dies erfolgt u. A. durch das Planen und Managen aller Aspekte von Veränderungsprozessen in der Umsetzungsphase vom Ausgangs- zum Planzustand mittels verschiedener Methoden, Konzepte und Instrumente.[33]

Bei Veränderungen wird zwischen fachlichen und überfachlichen Veränderungen unterschieden. Während die fachliche Seite die Planung, Umsetzung und Evaluation der Strukturen, Abläufe und sozialen Gefüge betrifft, beschäftigt sich die überfachliche Seite mit den menschlichen Reaktionen darauf und den dafür notwendigen Aktivitäten und Maßnahmen.[34]

---

[29] *Zelesniack/Grolman* (o. D.) a

[30] *Schewe* (o. D.)

[31] vgl. *Ebert/Münch* (2018), S. 5

[32] vgl. *Kreutzer* (2018), S. 66

[33] vgl. *Zelesniack/Grolman* (o. D.) a

[34] vgl. *Chies* (2016), S. 11

Strategische Veränderungen führen zu Widerständen und Ängsten der Mitarbeiter, die durch ein kompetentes Change Management reduziert oder eliminiert werden können.[35] Der Organisationskultur und den sozialen Prozessen wird im Change Management eine besondere Rolle beigemessen.[36]

Ein Change-Prozess setzt sich aus den Planungs- und Durchführungsphasen zusammen, die durchgehend mit Kommunikationsmaßnahmen begleitet werden (s. Abb. 2).[37] Diese Schritte sind in jeder Dimension des Change Managements, der Strategie, der Prozesse und der Kultur zu berücksichtigen.[38]

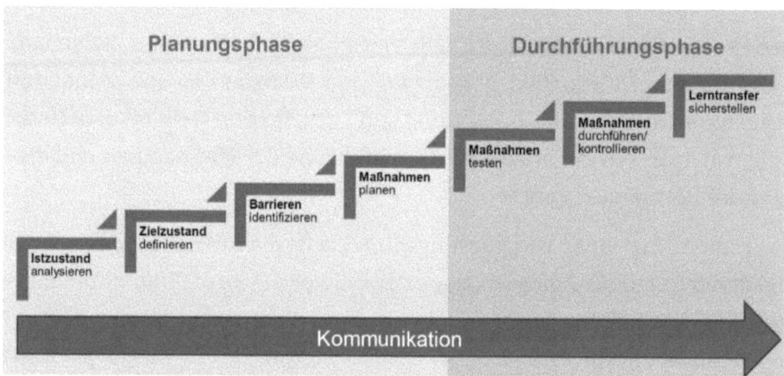

Abbildung 2: Das Prinzip des Change Managements.
(Eigene Darstellung, in Anlehnung an Mettig (2016), S. 49)

2.1.3 Erfolgsfaktoren

"Es gibt Unternehmen, die Erfolg haben und wissen warum, und es soll Unternehmen geben, die Erfolg haben und nicht wissen, worin sich dieser genau begründet. [...] Am besten sind zweifelsohne diejenigen dran, die Erfolg haben und wissen, warum sie ihn haben, ihre Stärken erkannt haben und ausbauen sowie um ihre Schwächen wissen und diese eliminieren."[39]

---

[35] vgl. *Mettig* (2016), S. 46

[36] vgl. *Wipperman* (o. D.)

[37] vgl. *Mettig* (2016), S. 49

[38] vgl. *Bertagnolli* et al. (2018), S. 2

[39] *Businessmodelcreativity.net* (o. D.)

Für den Begriff Erfolgsfaktor gibt es in der Literatur einige Synonyme wie z. B. kritische Faktoren, Schlüsselfaktoren, Erfolgskomponenten.[40] Für diese Arbeit werden die Erfolgsfaktoren definiert als "beeinflussbare Faktoren, welche einen nachhaltigen und längerfristigen positiven Einfluss auf den Erfolg"[41] (bzw. die Strategieimplementierung) haben. Hierbei kann nach qualitativen und quantitativen Erfolgsfaktoren unterschieden werden.[42]

Diese Faktoren und Schlüsselgrößen sind maßgebend für den Erfolg der festgelegten Zielerreichung.[43] Diese Komponenten variieren von Unternehmen zu Unternehmen und von Situation zu Situation. Daher empfiehlt es sich, für jede Situation eine Analyse der entscheidenden Erfolgsfaktoren durchzuführen und nach der Identifikation aller Faktoren den Fokus auf eine überschaubare Anzahl einzugrenzen.[44] Mit der Identifikation der wichtigsten Faktoren beschäftigt sich die Erfolgsfaktorenforschung.[45] Es wird dabei auch von dem Erfolgsfaktorenansatz gesprochen, der besagt, dass "für jede betriebliche Planungseinheit [...] wenige aber grundlegende Einflussgrößen existieren, die für den Erfolg oder Misserfolg der Planungseinheit entscheidend sind".[46]

2.1.4 Handlungsempfehlungen

Eine Handlungsempfehlung ist eine "Empfehlung, in einer bestimmten Weise zu handeln", um ein Ziel zu erreichen.[47] Handlungsempfehlungen können z. B. nach der Analyse von Schwachstellen oder der Erarbeitung von Erfolgsfaktoren im Unternehmen ausgesprochen werden.

Aufgrund der Einfachheit des Begriffs wird hier auf eine weitere Beschreibung verzichtet.

---

[40] vgl. *Businessmodelcreativity.net* (o. D.)

[41] *Businessmodelcreativity.net* (o. D.)

[42] vgl. *Wirtschaftslexikon24.com* (o. D.)

[43] vgl. *Szczutkowski* (o. D.)

[44] vgl. *Managementportal.de* (o. D.)

[45] vgl. *Wirtschaftslexikon24.com* (o. D.)

[46] *Wirtschaftslexikon24.com* (o. D.)

[47] *Duden.de* (o. D.)

2.2 Change Management Modelle

Durch Modelle und Theorien können komplexe Realitäten und Wirkungszusammenhänge verständlich abgebildet werden. Das Ziel von Phasenmodellen ist es, die Besonderheiten der einzelnen Veränderungsphasen hervorzuheben. Der Fokus aller Modelle liegt auf der Kommunikation mit den Betroffenen, die Entwicklung eines Ziels und einer Vision, sowie der Erhöhung der Motivation.[48] Nachfolgend werden zwei Modelle beschrieben, auf die im späteren Verlauf der vorliegenden Arbeit Bezug genommen wird.

2.2.1 7-Phasen-Modell nach Streich

Der Faktor Mensch mit seinen psychologischen und emotionalen Reaktionen ist einer der wichtigsten zu berücksichtigenden Faktoren bei Veränderungsprozessen.[49] Nach *Streich* durchläuft der Mensch bei einer Veränderung stets sieben emotionale Phasen (s. Abb. 3)[50] inklusive aller darin beinhalteten Charakteristiken und Herausforderungen.[51] Die Verinnerlichung dieses Modells kann Führungskräfte auf die bevorstehenden Verhaltensweisen der Mitarbeiter bei abrupten Veränderungen vorbereiten.[52]

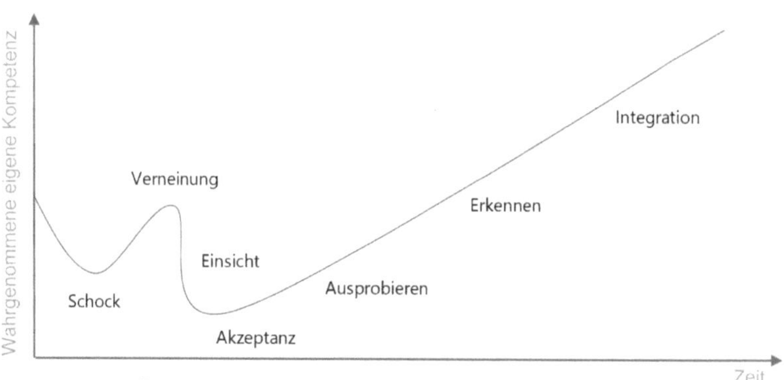

Abbildung 3: Stimmungskurve des 7-Phasen-Modells.
(Eigene Darstellung, in Anlehnung an Microtech.de (2017))

---

48   vgl. *Zelesniack/Grolman* (o. D.) b
49   vgl. *Königshagen* (2016)
50   vgl. *Microtech.de* (2017)
51   vgl. *Koch* (2015)
52   vgl. *Zelesniack/Grolman* (o. D.) b

Die Abbildung 3 zeigt, wie sich die Wahrnehmung der eigenen Kompetenz im Laufe der Zeit entwickelt. Die Dauer der einzelnen Phasen hängt von der Entwicklung des Stimmungsverlaufs der einzelnen Persönlichkeiten ab. Auch die Art des Veränderungsprojekts beeinflusst, wie schnell die letzte Phase erreicht wird.[53]

Phase 1 – Schock: Die Ankündigung anstehender Veränderungen wird von negativen Reaktionen wie Ängsten, sinkender Produktivität und Überraschung begleitet.[54] Das emotionale Mitarbeiterbefinden verschlechtert sich hierdurch.[55]

Phase 2 – Verneinung: An den ersten Schock schließt sich eine grundsätzliche Ablehnung[56] und Verneinung der Veränderungen an. Die Mitarbeiter haben Angst, das Vertraute zu verlieren.[57]

Phase 3 - Rationale Einsicht: Die Notwendigkeit des Wandels wird erkannt. Erste Veränderungen werden sichtbar und kurzfristige Lösungen werden gesucht.[58]

Phase 4 - Emotionale Akzeptanz: Die vierte Phase stellt den Tiefpunkt als auch den Beginn des emotionalen Veränderungsprozesses dar.[59] Die Akzeptanz für die Veränderung beginnt und gewohnte Verhaltensweisen werden verlassen.[60]

Phase 5 – Ausprobieren: Der Verlauf der Stimmungskurve steigt und die ersten positiven Reaktionen auf das Neue, die Erfolge (und Misserfolge), die Lerneffekte und die Handlungen treten auf.[61] Das Produktivitätsniveau steigt.[62]

Phase 6 – Erkennen: Die gute Seite der Veränderung wird erkannt und die Erweiterung der eigenen Fähigkeiten führt zu einer stückweisen Integration neuer Handlungen im Alltag.[63]

---

[53] vgl. *Koch* (2015)

[54] vgl. *Sörensen* (2018)

[55] vgl. *Microtech.de* (2017)

[56] vgl. *Königshagen* (2016)

[57] *Sörensen* (2018)

[58] vgl. *Zelesniack/Grolman* (o. D.) b

[59] vgl. *Microtech.de* (2017)

[60] vgl. *Zelesniack/Grolman* (o. D.) b

[61] vgl. *Zelesniack/Grolman* (o. D.) b

[62] vgl. *Sörensen* (2018)

[63] vgl. *Zelesniack/Grolman* (o. D.) b

Phase 7 – Integration: Abschließend werden bei einem erfolgreichen Change Management Prozess die Handlungs- und Verhaltensweisen vollumfänglich und selbstverständlich in den Arbeitsalltag übernommen. Dadurch kann z. B. eine maximale Steigerung der Produktivität erreicht werden.[64]

2.2.2 8-Stufen-Modell nach Kotter

Nach *Kotter* scheitern 70 % aller Veränderungsprojekte bereits in der Anfangsphase aus zwei Gründen: Die Mitarbeiter zeigen Widerstand gegen die Veränderung und sie fallen in alte Muster zurück. Mit der Erkenntnis, dass nicht die Technik, sondern der Mensch das Haupthindernis ist, entwickelte *Kotter* im Jahr 1996 das 8-Stufen-Modell.[65]

Das Modell stellt die Unternehmenskommunikation in den Fokus[66] und besagt, dass sich Mitarbeiter mental besser auf die bevorstehenden Veränderungen einstellen können, wenn eine rechtzeitige Kommunikation dieser erfolgt.[67] Der zunehmenden Wettbewerbssituation und dem Anpassungsdruck des Marktes ordnete *Kotter* eine zentrale Bedeutung zu und entwickelte ein Modell, das den Wandel in den folgenden mehrstufigen Prozess unterteilt:[68]

1. *Gefühl der Dringlichkeit erzeugen:* Durch das Aufzeigen von Szenarien, die auftreten könnten, falls eine Veränderung nicht stattfinden würde,[69] wird den Beteiligten die Dringlichkeit des Wandels bewusst gemacht.[70]

2. *Führungsteam aufbauen:* Eine Koalitionsbildung mit wichtigen Personen aus verschiedenen Abteilungen und mit unterschiedlichen Kompetenzen[71] sorgt für gegenseitiges Vertrauen.[72]

---

[64] vgl. *Sörensen* (2018)

[65] vgl. *Digitaler-mittelstand.de* (2015)

[66] vgl. *Klarundwertvoll.de* (2017)

[67] vgl. *Wirtschaftswissen.de* (2018)

[68] vgl. *Zelesniack/Grolman* (o. D.) b

[69] vgl. *Digitaler-mittelstand.de* (2015)

[70] vgl. *qmBase.com* (o. D.)

[71] vgl. *Digitaler-mittelstand.de* (2015)

[72] vgl. *qmBase.com* (o. D.)

3. *Entwicklung einer Vision:* Veränderungen und Strategien, die sich auf eine übergeordnete Vision beziehen, geben dem Wandel einen Sinn und visualisieren den Veränderungsweg hin zur Zielerreichung.[73]

4. *Die Vision kommunizieren:* Durch eine konsequente Kommunikation der Vision über alle möglichen Kanäle werden das Vertrauen und die Motivation erhöht.[74]

5. *Bevollmächtigung:* "Die Mitarbeiter zu motivieren, nach der Vision zu handeln ist essentiell, um sie Realität werden zu lassen."[75] Dafür muss Raum für Freiheiten und Verantwortungen geschaffen werden.[76]

6. *Kurzfristige Erfolge sichtbar machen:* Einfache (Zwischen-)Ziele, die nicht zu aufwands- und kostenintensiv sind, tragen dazu bei, dass die Mitarbeiter kurzfristige Motivationsschübe und Belohnungen erhalten können.[77]

7. *Veränderung weiter antreiben:* Nach der Analyse und der regelmäßigen Kommunikation über den bisherigen Verlauf der Umsetzung, können kurzfristige Zielanpassungen vorgenommen oder neue Ziele formuliert werden.[78]

8. *Veränderungen in der Unternehmenskultur verankern:* Der Change Management Prozess gilt als erfolgreich abgeschlossen, wenn die erreichten Ziele fest in der Unternehmenskultur verankert sind.[79]

2.3 Erfolgsfaktoren im Change Management

Strategische Veränderungen beeinflussen die Einstellungen und Verhaltensweisen der Mitarbeiter oft negativ.[80] Je nach Perspektive und Grundeinstellung der Betroffenen kann die Reaktion darauf unterschiedlich ausfallen.[81] Grundsätzlich finden die Menschen aber keinen Gefallen an Veränderungen, da sie u. A. die altbewährten technischen Tools beibehalten möchten oder da es große Überwindung

---

[73] vgl. *Klarundwertvoll.de* (2017)

[74] vgl. *Digitaler-mittelstand.de* (2015)

[75] *qmBase.com* (o. D.)

[76] vgl. *Klarundwertvoll.de* (2017)

[77] vgl. *Digitaler-mittelstand.de* (2015)

[78] vgl. *qmBase.com* (o. D.)

[79] vgl. *Digitaler-mittelstand.de* (2015)

[80] vgl. *Mettig* (2016), S. 35

[81] vgl. *Klinkhammer* et al. (2015), 18 - 19

kostet, Neues zu akzeptieren.[82] Ein falscher Umgang mit diesem Widerstand kann zu weiteren Kettenreaktionen führen, wie z. B. ein Anstieg der Fehlzeiten.[83] Veränderungen erzeugen auch Ängste vor z. B. Kompetenz-, Status- oder Arbeitsplatzverlust.[84] Im Extremfall können im Rahmen großer Veränderungsprojekte, z. B. durch mangelnde Zeit für die Aufgaben und fehlendem Know-How, sogar Burn-out-Fälle auftreten.[85]

Die Herausforderung eines Veränderungsprojektes ist es, den Spagat zwischen dem erfolgreichen Abschluss des aktuellen Vorhabens und der gleichzeitigen Vorbereitung des Fundaments für zukünftige Veränderungen zu schaffen[86], während die Alltagsaufgaben weiterhin zu bewerkstelligen sind. Die wichtigsten Ursachen des Scheiterns von Veränderungsvorhaben sind laut mehrerer Literaturquellen nicht die *harten* Faktoren wie Technik oder finanzielle Mittel, sondern eher die *weichen* Faktoren wie der Mensch (Kap. 2.3.1) mit seinen Emotionen (Kap. 2.3.3) und/oder die Unternehmenskultur (Kap. 2.3.2) an sich.

2.3.1 Faktor Mensch

Veränderungen betreffen primär die Menschen, da sie dabei einen emotionalen Prozess durchlaufen. Die Change-Kurve (Kap. 2.2.1) verdeutlicht die Wichtigkeit der aktiven und rechtzeitigen Einbindung der Mitarbeiter durch die Führungskräfte in den Veränderungsprozess (Kap. 2.4.3) und gibt Hinweise, wie der Widerstand (Kap. 2.4.4) beseitigt werden kann.[87] Auch *Weissmann* weist darauf hin, dass insbesondere der weiche Faktor Mensch berücksichtigt werden muss. Denn einer der Hauptgründe des Scheiterns von Veränderungsprojekten liegt darin, dass der Mensch als Gewohnheitstier grundsätzlich kein Gefallen an Veränderungen findet.[88]

Die Führungskräfte und Organisationsentwickler sehen sich mit der Herausforderung konfrontiert, mit der Subjektivität der eigenen Wahrnehmung über die im Unternehmen vorhandenen unterschiedlichen Menschenbilder und Werte (Kap.

---

[82] vgl. *Chies* (2016), 11 - 12

[83] vgl. *Heidenberger* (o. D.)

[84] vgl. *ProjektmanagementHandbuch.de* (o. D.)

[85] vgl. *Chies* (2016), S. 31

[86] vgl. *Oberleiter* et al. (2016), S. 99

[87] vgl. *Bertagnolli* et al. (2018), S. 3

[88] vgl. *Weissman* (2014), S. 105

2.4.2.3) bewusst und reflektiert umzugehen und einen offenen Umgang mit den individuellen Verhaltensmustern zu etablieren.[89] Sich mit dem Menschenbild in der Organisation zu beschäftigen, ist eine primäre Aufgabe des Top-Managements (Kap. 2.4.2). Denn "jeder Mensch hat im Laufe seiner Sozialisation eine eigene Persönlichkeit und Haltung entwickelt und bringt diese in den Veränderungsprozess ein."[90] Dabei können gesunde oder verängstigte, konstruktive oder destruktive Reaktionen aktiviert werden, die den Menschen verstärken oder verunsichern (Kap. 2.3.3).[91]

In Folge dessen segmentieren sich die Mitarbeiter bei Veränderungsprojekten, abhängig von ihrer Einstellung zu Veränderungen sowie von ihrer Offenheit für Veränderungen im Verhalten in vier Kategorien (s. Abb. 4).[92] Die schwierigste Gruppe stellt die Gruppe der *Gegner* dar, denn sie haben eine ausgeprägte ablehnende Haltung und eine geringe Offenheit für Veränderungen. Die *Zweifler* sind zwar aufgeschlossen für Neues, aber nicht bereit, sich selbst zu verändern. Die *vermeintlichen Folger* zeigen Offenheit im Verhalten, lehnen die Veränderung jedoch ab. Die wichtigste Zielgruppe ist die der *Promotoren*, diese blühen durch die Veränderungen auf.

---

[89] vgl. *Brodbeck* et al. (2014), S. 11
[90] *Meurer* (2018)
[91] vgl. *Klinkhammer* et al. (2015), S. 223
[92] vgl. *Kreutzer* (2018), S. 73

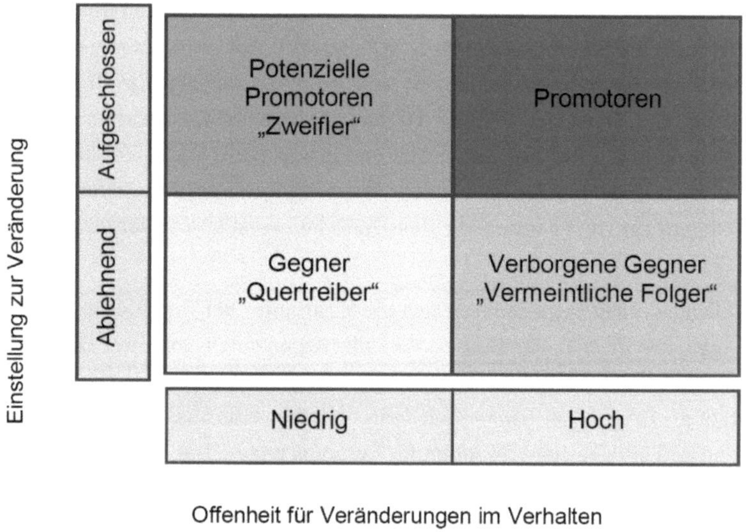

Abbildung 4: Mitarbeitersegmente bei Veränderungsprojekte.
(Eigene Abbildung, in Anlehnung an *Kreutzer* (2018), S. 73)

Die unterschiedlichen Erwartungen und Wahrnehmungen der Menschen zu verstehen und diese bei der Strategieumsetzung zu berücksichtigen, ist eine der wichtigsten Voraussetzungen für die Schaffung von Akzeptanz und Selbstverständnis für den Wandel.[93] Ein gelebtes Selbstverständnis zeichnet sich durch die aktive Beteiligung der Betroffenen (Kap. 2.4.3) bzw. durch die Bereitschaft für eine Selbstveränderung (Kap. 2.3.2.1) aus.[94] Denn "unabhängig von der Art und Intensität bedingen Veränderungen bei Mitarbeitern und Führungskräften häufig auch eine Veränderung im Verhalten."[95] Die Menschen benötigen auch ein Kohärenzgefühl. Das bedeutet, dass sie idealerweise eine Situation mit ihren Zusammenhängen verstehen und einen Sinn darin erkennen möchten (Kap. 2.4.2.2). Außerdem sollten sie wissen, wie sie sich darin zu verhalten haben bzw. welchen Handlungsspielraum sie im Rahmen der Veränderung besitzen.[96]

---

[93] vgl. *Bertagnolli* et al. (2018), S. 31

[94] vgl. *Bertagnolli* et al. (2018), S. 32

[95] *Meurer* (2018)

[96] vgl. *Chies* (2016), 31 - 32

Ein maßgebendes zu berücksichtigendes Kriterium von Menschen bei Veränderungen ist ihre Resilienz-Ausprägung. Die Resilienz ist kein fixer Zustand, sondern eine erlernbare Fähigkeit, die sich im Laufe des Lebens weiterentwickelt und je nach Kontext und Lebensphase eine andere Ausprägung aufweist.[97] Resiliente Menschen sind davon überzeugt, dass jede Situation sowohl verstanden als auch beeinflusst werden kann, unabhängig davon, wie schwierig sie in ihrem subjektiven Verständnis erscheint. "Im psychologischen Kontext wird diese Eigenschaft auch mit dem Begriff der *Utilisation*, also dem Nutzbarmachen von Situationen, umschrieben. Es geht darum, jeder misslichen Lage das Bestmögliche abzutrotzen und sich nicht der Resignation zu ergeben, wenn die Umstände nicht optimal sind."[98]

2.3.2 Faktor Unternehmenskultur

In den 40er-Jahren wurde erstmalig die Bedeutung von Kultur und anderen *weichen Themen* beschrieben. Insbesondere in den letzten 20 Jahren brachten neue Forschungsergebnisse einen allgemeinen Bewusstseinswandel über die Wichtigkeit der psychologischen Aspekte bei der Unternehmensführung mit sich.[99] Die "Organisationskultur bezeichnet die grundlegenden Annahmen und Werte, die alle Mitarbeiter einer Organisation teilen."[100] Der Studie von *Capgemini Culture First* zufolge stellt sich die Unternehmenskultur mit 62 % der 1.139 Stimmen als wesentliches Hindernis bei Veränderungen dar.[101]

Die emotionale Dimension der Kultur wird durch Geschichten, Mythen und Rituale gelebt.[102] Die Unternehmenskultur lässt sich durch Adjektive wie kollektiv, konzeptionell, emotional, historisch und interaktiv beschreiben.[103]

---

[97] vgl. *Chies* (2016), S. 32

[98] *Drath* (2016), S. 41

[99] vgl. *Hehn* et al. (2016), S. 10

[100] *Johnson* et al. (2011), S. 243

[101] vgl. *Schahinian* (2018)

[102] vgl. *Klinkhammer* et al. (2015), S. 119

[103] vgl. *Brodbeck* et al. (2014), S. 58 - 59

Wie in der Abbildung 5 dargestellt, gehören zu einer Unternehmenskultur sowohl explizite als auch implizite Faktoren. Die expliziten Faktoren sind sichtbar und äußern sich z. B. durch das Verhalten der Menschen und die Führungsleitlinien. Die impliziten Faktoren sind kaum sichtbar und äußern sich in emotionalen und intellektuellen Werten, Glaubenssätzen und Bedürfnissen.[104]

Abbildung 5: Das Eisbergmodell der Unternehmenskultur.
(Eigene Darstellung, in Anlehnung an Hehn et al. (2016), S. 67)

Die Unternehmenskultur ist von den jeweiligen Unternehmensmitgliedern und von ihrem Umgang miteinander abhängig. Aus einer guten Beziehungskultur kann sich kreatives Potential entwickeln, aus dem individuelle Fähigkeiten, Anlagen und Möglichkeiten entstehen.[105] Das dafür notwendige Vertrauen baut sich aus

---

[104] vgl. *Hehn* et al. (2016), S. 5
[105] vgl. *Oberleiter* et al. (2016)

positiven Referenzerfahrungen auf, die das Unternehmen in der Vergangenheit erzeugt hat. Ein gegenseitiges Vertrauen kompensiert den Verlust an Orientierung und Kontrolle in turbulenten Veränderungszeiten.[106]

Die Kultur ist genauso wie die Strategie und die Prozesse einem stetigen Wandel unterzogen. Ein Kulturwandel ist für die erfolgreiche Umsetzung umfassender Veränderungen erforderlich, da Prozesse und Systeme nur dann verändert werden können, wenn sich auch das Verhalten und die Einstellungen der Mitarbeiter systematisch verändern (Kap. 2.3.2.1).[107] Mit dem Begriff *Kulturwandel* wird „eine nachhaltige Veränderung von Verhalten und Einstellungen der Mitglieder innerhalb einer Organisation im Rahmen dieser Veränderungsprozesse" bezeichnet.[108] *Kreutzer* vergleicht die kulturelle Transformation bei Change-Prozessen mit einer Organtransplantation: "ohne eine kulturelle Transformation setzen die klassischen ‚Abstoßreaktionen' ein, die auch bei der Organtransplantation zu beobachten sind".[109]

2.3.2.1 Veränderungskompetenz

Ein Kulturwandel setzt eine grundsätzliche Veränderungskompetenz der Organisation voraus. Diese ist nicht leicht zu erlangen oder eins zu eins von anderen Unternehmen kopierbar. Sie kann jedoch unternehmensindividuell erlernt und ausgebaut werden.[110] Die Weiterentwicklung der Unternehmenskultur und der Veränderungskompetenz ist für das Unternehmen überlebenswichtig.[111] Eng zusammenhängend mit der Veränderungskompetenz ist die *lernende Organisation*. „Mit dem Begriff *lernende Organisation* werden Organisationen bezeichnet, die innere und äußere Veränderungen schnell erkennen und gut darauf reagieren können. [...] Das Unternehmen ist in der Lage, kreativ und nachhaltig mit Veränderungen umzugehen."[112] Bestandteil der lernenden Organisation ist das lernende Individuum, wofür auch die Personalentwicklung (Kap. 2.4.3.2) eine wichtige Rolle spielt.[113]

---

[106] vgl. *Klinkhammer* et al. (2015), S. 152

[107] vgl. *Hehn* et al. (2016), S. 2

[108] *Hehn* et al. (2016), S. 2

[109] *Kreutzer* (2018), S. 68

[110] vgl. *Oberleiter* et al. (2016), 99 - 100

[111] vgl. *Oberleiter* et al. (2016), S. 108

[112] *Oberleiter* et al. (2016), S. 109

[113] vgl. *Brodbeck* et al. (2014), S. 55

2.3.3 Faktor Emotionen

Emotionen begleiten alle Veränderungsprozesse[114] sowohl auf der Ebene des Individuums (Kap. 2.3.1) als auch der Unternehmenskultur (Kap. 2.3.2).

Das Individuum selbst, nicht die Organisation oder die Personen als soziales Konstrukt, verspürt Emotionen wie Frust, Angst oder Freude, welche beeinflussen, was es wahrnimmt und welche Informationen es mit anderen kommuniziert.[115] Wenn Emotionen nicht offen besprochen werden können, dann können diese Widerstände und Spekulationen hervorrufen und sogar zur inneren Kündigung führen[116] und dadurch negative Auswirkungen auf den Verlauf von Veränderungsprozessen einnehmen.[117]

Die Emotionen können nach ihrer positiven (Entspannung, Freude) oder nach ihrer negativen Art (Panik, Erschöpfung) klassifiziert werden.[118] Diese lineare zweiseitige Klassifizierung ist jedoch nicht ausreichend. Die Achse der Erregung spielt eine ebenso wichtige Rolle. Auf dem *Wirtschaftspsychologieportal WPGS* wird dies wie folgt beschrieben: "Man schläft oder man ist wach. Tatsächlich ist ‚Wachheit' aber ein Kontinuum, man kann sehr unterschiedlich wach oder müde sein. Das Kontinuum reicht von sehr ruhig bis sehr aufgeregt. Schon früh wurde Aktivierung mit Emotion in Verbindung gebracht und beobachtet, dass Aktivierung das emotionale Erleben verändern kann."[119] In diesem Kontext wird eine Verbindung zwischen Emotion und Motivation geschaffen.

In der klassischen Literatur werden diese zwei Begriffe nicht zusammenhängend betrachtet, sondern meist allein die Beweggründe.[120] Jedoch ist "maximale Motivation ohne Emotionen kaum vorstellbar. Nicht umsonst beinhaltet schon das Wort Emotion das Wort *motion*"[121] (z. Dt. Bewegung). Insbesondere Emotionen mit hoher Erregung spielen bei Veränderungsprojekten eine große Rolle. Dabei wird nach dem weißen und schwarzen Weg der Motivation unterschieden. Der weiße Weg der Motivation entsteht aus der intrinsischen Motivation, aus einer hohen

---

[114] vgl. *Klinkhammer* et al. (2015), S. 103

[115] vgl. *Klinkhammer* et al. (2015), S. 101

[116] vgl. *Berner* (2016)

[117] vgl. *Klinkhammer* et al. (2015), S. 19

[118] vgl. *WPGS.de* (o. D.) a

[119] *WPGS.de* (o. D.) a

[120] vgl. *WPGS.de* (o. D.) a

[121] *WPGS.de* (o. D.) a

Selbstwirksamkeit der Mitarbeiter und aus individuell psychologisch sinnvollen Aufgabenstellungen.[122]

Da der weiße Weg der Motivation einen nachhaltigeren Einfluss auf Veränderungsprozesse besitzt, wird nachfolgend näher auf diesen eingegangen.

2.3.3.1 Weißer Weg der Motivation

Ein intrinsisch motivierter Mensch beschäftigt sich aufgrund eines inhärenten Motivs und aufgrund einer vorhandenen Beziehung zum Lernstoff mit einem bestimmten Themengebiet.[123] Die intrinsische Motivation entsteht endogen durch Tätigkeiten, welche Spaß machen, sinnvoll erscheinen oder herausfordernd sind.[124] So kann bei einem Neugierverhalten das Lernen selbst die Belohnung sein. Das intrinsisch motivierte Verhalten muss nicht auf rationale Zwecke gerichtet sein.[125] Somit agieren intrinsisch motivierte Mitarbeiter selbstbestimmter und freier, da sie sich eigenständig die erforderlichen Expertisen für ihre Aufgaben aneignen, indem sie ihre freien zeitlichen Ressourcen hierfür nutzen. Dadurch erreichen sie eine Selbstverwirklichung, welche sich auf den Unternehmenserfolg positiv auswirken kann.[126] Die intrinsische Motivation führt zu einem Flow-Erleben und ist eine Quelle schöpferischer Leistungen.[127] Denn „wer intrinsisch motiviert ist, zeigt größere Flexibilität im Denken und ein höheres Maß an Kreativität."[128]

Eine längerfristig angelegt Studie der Universität München mit 3.530 Schülern der 5. bis 10. Klasse, bei denen Mathematikleistungen, IQ-Werte und die Art der Lernmotivation erfasst wurden, ergab, dass die intrinsische Motivation wichtiger für den Lernerfolg als die Intelligenz ist.[129] Auch bei Veränderungen ist die intrinsische Motivation ein Erfolgsfaktor. Dadurch erhöht sich die Akzeptanz und die Selbststeuerungskräfte werden angetrieben. Das Ergebnis ist Commitment, Autonomie und Handlungsfähigkeit.[130]

---

[122] vgl. *WPGS.de* (o. D.) a

[123] vgl. *Stangl* (o. D.)

[124] vgl. *Lernpsychologie.net* (o. D.)

[125] vgl. *WPGS.de* (o. D.) b

[126] vgl. *Karrierebibel.de* (o. D.)

[127] vgl. *Stangl* (o. D.)

[128] *Karrierebibel.de* (o. D.)

[129] vgl. *Stangl* (o. D.)

[130] vgl. *Güttel* (2017), S. 140

Diese drei Begriffe eignen sich für eine detailliertere Betrachtung des Themengebietes. Um den Rahmen der wissenschaftlichen Arbeit nicht zu sprengen, wird darauf verzichtet, näher auf diese einzugehen.

2.4 Handlungsempfehlungen für Change Management

In der Literatur gibt es unterschiedliche zu berücksichtigende Aspekte des Change Managements wie z. B. die Vision, die Kommunikation, die Beteiligung und Qualifizierung[131] oder Unterstützung des Top-Managements, abteilungsübergreifende Kommunikation als auch das Management von Erwartungen.[132] Ein Erfolgsrezept gibt es jedoch nicht, da der Erfolg von dem richtigen individuellen Mix von Handlungen und Maßnahmen abhängig ist.

Je nach Situation und Unternehmen empfiehlt es sich, eine individuelle Analyse und Auswahl der passenden Instrumente durchzuführen.[133] Die Auswahl der Instrumente hängt eng mit den erwarteten Barrieren wie Ängste, Zurückhaltung und Widerstand zusammen.[134] Die Maßnahmen sollten in der Praxis erprobt werden, was bedeutet „neue Handlungsweisen wiederholt in die konkrete Erfahrung zu bringen, in mehreren Varianten zu testen, ihre positiven und negativen Folgen zu erleben, die Handlungen damit emotional bedeutsam zu machen".[135] Im Rahmen dieser Arbeit wird ein solch detaillierter Maßnahmenkatalog jedoch aus Kapazitätsgründen nicht erstellt, sondern es werden lediglich ausgewählte Cluster von Handlungsempfehlungen beschrieben.

2.4.1 Kommunikationsmanagement

Als eine der wichtigsten Handlungsempfehlungen im Change Management wird die Kommunikation betrachtet, denn sie bringt Transparenz, Flexibilität und Klarheit in Veränderungsprozessen mit sich.[136] Für *Chies* ist die Kommunikation die "Bezeichnung für Vorgänge, in denen eine bestimmte Information gesendet und empfangen wird."[137] Sowohl der Sprecher als auch der Hörer sind für die gelungene

---

[131] vgl. *Chies* (2016), S. 17

[132] vgl. *Chies* (2016), S. 15

[133] vgl. *Kraewing* (2017), S. 103

[134] vgl. *Mettig* (2016), S. 51

[135] *Klinkhammer* et al. (2015), S. 161

[136] vgl. *Bertagnolli* et al. (2018), S. 10

[137] *Chies* (2016), S. 23

Kommunikation verantwortlich.[138] *Weber* vergleicht die Kommunikation mit einem "Katalysator der Veränderung"[139].

In kritischen Zeiten, wenn unkontrollierte Verhaltensweisen vermehrt auftreten, sind hohe kommunikative Kompetenzen von Führungskräften gefragt, die durch eine überlegte und passende Wortwahl die Mitarbeiter systematisch an den Veränderungen beteiligen können (Kap. 2.4.3).[140] Die Kommunikation in Veränderungsprojekten dient dazu, die Veränderung zu legitimieren und Orientierung, Sinnhaftigkeit und Wissen zu vermitteln. Zudem wird der Vertrauensaufbau, die Zustimmungsförderung als auch der Zusammenhalt begünstigt.[141]

Fehlende Informationstransparenz entlang aller geplanten Aktivitäten und Veränderungen kann die Ursache für die Bildung von Gerüchten sein, die Entwicklung ungewünschter Eigendynamiken begünstigen oder einen Stillstand nach sich ziehen.[142] Visualisierungstools wie z. B. ein Shopfloor-Board, ein Officefloor-Board, Review-Regelmeetings[143] und/oder eine Erfolgswand[144] können eine transparente Kommunikation des Projektstands unterstützen.

2.4.1.1 Zielgruppenspezifische und interaktive Kommunikation

Neben dem Informationsgehalt ist auch die Art und Weise der Formulierung und Aussprache bedeutend. *Schäffner* vergleicht die Formulierungskunst mit der Musik, die je nach Zielgruppe einen anderen Rhythmus haben muss.[145] Die Formulierung muss unabhängig von Alter und Gruppe klar, präzise und verständlich sein, damit die Zahl der möglichen Deutungen möglichst gering ausfällt.[146] Die zentral verwendeten Begrifflichkeiten und die komplexen Inhalte aus Veränderungsprojekten sollten vereinfacht an den Außenstehenden übertragen werden können.[147] *Ebert/Münch* empfehlen hierzu: "Wir müssen die zentralen Botschaften und fachterminologischen Begriffe (des Top-Managements) in die Sprache und Vor-

---

[138] vgl. *Klinkhammer* et al. (2015), S. 98
[139] *Weber* (2016), S. 41
[140] vgl. *Ebert/Münch* (2018), 1 - 2
[141] vgl. *Ebert/Münch* (2018), 4 - 5
[142] vgl. *Bertagnolli* et al. (2018), S. 35
[143] vgl. *Bertagnolli* et al. (2018), S. 15
[144] vgl. *Bertagnolli* et al. (2018), S. 34
[145] vgl. *Schäffner* (2017), S. 48
[146] vgl. *Ebert/Münch* (2018), S. 3
[147] vgl. *Chies* (2016), S. 24

stellungswelt der Mitarbeiter übersetzen und visualisieren."[148] Die Anschlusskommunikation mit Verständnisfragen, Zusammenfassungen der Zuhörer oder Diskussionen zeigen, ob die Inhalte verinnerlicht wurden.[149]

Eine Stakeholder-Analyse ist zu Beginn der kommunikativen Maßnahmenplanung erforderlich.[150] Die Maßnahmen, die einen hohen Grad der Beteiligung erfordern, können in einem Kommunikationsplan aufgelistet werden. Im Vergleich zur klassischen Einwegkommunikation haben partizipative Kommunikationsformen eine bessere Wirkung im Veränderungsprozess, sie sind jedoch aufwendiger.[151]

Die partizipative Kommunikation schafft Raum für Fragen und Mitteilungen an die Führungskräfte und das Projektteam.[152] So können z. B. (Gruppen-)Gespräche für die Entwicklung neuer Ideen oder die Gestaltung von Change-Prozessen komplexer Zielsetzungen eingesetzt werden.[153] Weitere innovative Austauschformen sind als World Cafe oder Townhall-Meeting bekannt.[154]

2.4.1.2 Einsatz von Storytelling

In der Change-Kommunikation kann ebenfalls die Methode des Storytellings angewendet werden. Dadurch wird das Vertrauen und das Zugehörigkeitsgefühl verstärkt, das kollektive Wissen ernst genommen sowie Veränderungsprozesse eingeleitet und unterstützt.[155] Geschichten bieten den Vorteil, dass sie nicht nur den Intellekt, sondern auch die Emotionen ansprechen.[156]

Nach *Thier* ist Storytelling "eine Methode, mit der (Erfahrungs-)Wissen von Mitarbeitern über einschneidende Ereignisse im Unternehmen [...] aus unterschiedlichsten Perspektiven der Beteiligten erfasst, ausgewertet und in Form einer gemeinsamen Erfahrungsgeschichte aufbereitet wird."[157] Geschichten im Unternehmenskontext, auch organisationale Geschichten genannt, haben eine Ausgangslage, ein

---

[148] *Ebert/Münch* (2018), S. 3

[149] vgl. *Klinkhammer* et al. (2015), S. 98

[150] vgl. *Bertagnolli* et al. (2018), S. 24

[151] vgl. *Bertagnolli* et al. (2018), S. 35

[152] vgl. *Bertagnolli* et al. (2018), S. 36

[153] vgl. *Ebert/Münch* (2018), 30 - 31

[154] vgl. *Bertagnolli* et al. (2018), 36 - 37

[155] vgl. *Thier* (2017), S. 29

[156] vgl. *Hehn* et al. (2016), S. 99

[157] *Thier* (2017), S. 21

Ereignis und eine Konsequenz.[158] Eine erfolgreiche Change-Story ist durch Emotionalität, Balance, Verständlichkeit und Personalisierung geprägt.[159] "Die Storytelling-Analyse bildet die inhaltliche Grundlage für den Aufbau einer authentischen, mitarbeiterbezogenen Unternehmenskultur." [160] (Kap. 2.3.2)

2.4.2 Führung und Leadership

Nach *Sauer* ist Veränderung eine ureigene Führungsverantwortung.[161] Leadership ist in diesem Kontext jedoch der bessere Begriff. *Weber* bezeichnet den Begriff Leadership als „eine strategische und normative Form der Führung, da sie als werte- und menschenorientiert zu bezeichnen ist. Durch Leadership findet am ehesten eine positive Prägung der Unternehmenskultur statt.".[162] Ein guter Leader führt die Menschen emotional, indem er die eigenen und fremden Emotionen bewusst wahrnimmt, sie versteht, sie beurteilt und richtig einordnet.[163] Denn Führung verlangt Flexibilität im Denken und entsteht in der Interaktion mit den Geführten bzw. ändert sich stets neu.[164] Nachfolgend werden drei Führungsaufgaben beschrieben, die als besonders relevant angesehen werden.

2.4.2.1 Vermittlung der Vision und Mission

Die Unternehmensvision ist das "*Bild des übergeordneten Systems*, wenn das Unternehmen seinen Auftrag - die Mission - erfüllt hat."[165] Der Weg ihrer Entstehung und die damit verbundenen Emotionen, Begeisterung und Motivation sind ebenso wichtig.[166] Die Vision definiert den Plan-Zustand des Unternehmens in z. B. zehn Jahren und vermittelt eine einheitliche Richtung.[167]

---

158 vgl. *Thier* (2017), S. 9
159 vgl. *Hehn* et al. (2016), S. 105
160 *Thier* (2017), S. 39
161 vgl. *Sauer* (2016)
162 *Weber* (2016), S. 33
163 vgl. *Mourlane* (2015), S. 25
164 vgl. *Wippermann* (2016), S. 205
165 *Oberleiter* et al. (2016), S. 73
166 vgl. *Klinkhammer* et al. (2015), S. 329
167 vgl. *Bertagnolli* et al. (2018), S. 20

Durch die gemeinsame Entwicklung der Vision profitiert das Unternehmen sowohl von den inhaltlichen Vorteilen als auch von einer stärkeren Verbundenheit der Mitarbeiter, da sie sich als Urheber der Vision sehen.[168] Eine authentische Vision verstärkt die Resilienz des Unternehmens in Krisenzeiten und zieht Mitarbeiter und Kunden an bzw. verpflichtet sie gegenseitig und verbindet sie.[169] *Kotter* beschreibt es als vorstellbar, wünschenswert, fokussiert, flexibel und kommunizierbar.[170] Die Komplexität der Vision sollte in einem authentischen und spezifischen *Vision Statement* formuliert werden.[171]

Der Begriff Vision steht im Zusammenhang mit dem Begriff Mission. Während die Vision das *was* darstellt, beschreibt die Mission das *wie* und das *warum*.[172] Somit ist die Mission der Auftrag, „der dem Unternehmen sowohl einen bestimmten Handlungsrahmen als auch eine Handlungsrichtung vorgibt"[173]. Ähnlich wie bei der Vision sollte die Mission in einem *Mission Statement* formuliert werden, welches ebenfalls in Zusammenarbeit zwischen Management und Mitarbeitern entwickelt werden sollte.[174]

"Je prägnanter, erstrebenswerter und nachvollziehbarer die *Vision* und *Mission Statements* formuliert sind, desto besser können sie ihre Wirkung entfalten, weil die Mitarbeiter eine Möglichkeit haben, sich mit der Unternehmensvision zu identifizieren und an der Mission ihres Unternehmens teilhaben wollen."[175]

2.4.2.2 Erstellung einer konsistenten und sinnhaften Zielsetzung

Die Ziele sind die Unterteilung der Vision in kleinere Meilensteine.[176] Die Ziele können als Referenzpunkte betrachtet werden, die bei ihrer Erreichung positive Gefühle wie Freude und Zufriedenheit erzeugen.[177] "Für die Umsetzung von Zielen

---

168 vgl. *Kraewing* (2017), S. 76

169 vgl. *Oberleiter* et al. (2016), S. 73

170 vgl. *Sauer* (2016)

171 vgl. *Kraewing* (2017), S. 71

172 vgl. *Kraewing* (2017), S. 72

173 *Oberleiter* et al. (2016), S. 71

174 vgl. *Kraewing* (2017), S. 77

175 *Kraewing* (2017), S. 73

176 vgl. *Kraewing* (2017), S. 71

177 vgl. *Klinkhammer* et al. (2015), S. 222

brauchen wir eine innere Gestalt [...]. Erst eine sinnliche und konkrete Vorstellung des erreichten Ziels macht eine Planung des Zieles möglich."[178]

Die Aufgabe des oberen Managements liegt darin, aller Beteiligten eine sinnhafte Zielsetzung zu vermitteln und sie von der Wichtigkeit ihres Beitrags für die Veränderung zu überzeugen.[179] Das Führungsteam sollte der Veränderung, der Arbeit und der Menschen einen Sinn zu geben.[180] Denn fehlender Sinn und mangelndes Verständnis könne zu Widerständen führen.[181] Für die Erhöhung der intrinsischen Motivation (Kap. 2.3.3.1) ist die Erkennung der Sinnhaftigkeit, eine überzeugende Vision und prägnante Projektziele erforderlich.[182] Des Weiteren ist es die Aufgabe der Führungskräfte, "ein konsistentes Gesamtbild zu schaffen, zu dem sich Mitarbeiter committen können, denn konkurrierende bzw. paradoxe Ziele oder Verhaltensnormen [..] der automatische Feind jeder Bindung"[183] sind.

Zur Verdeutlichung wird in der nachfolgenden Abbildung die Abgrenzung der Begrifflichkeiten Ziel, Vision und Mission bildlich dargestellt:

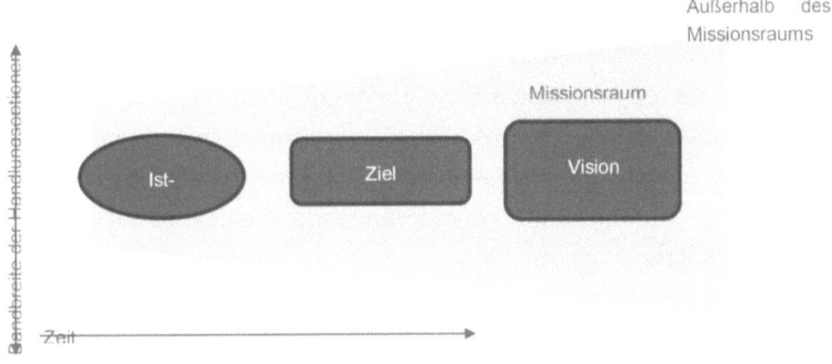

Abbildung 6: Abgrenzung Vision, Mission, Ziel.
(Eigene Darstellung, in Anlehnung an Kraewing (2017), S. 73)

---

178 vgl. *Ebert/Münch* (2018), S. 14
179 vgl. *Güttel* (2017), 89
180 vgl. *Hehn* et al. (2016), S. 53
181 vgl. *Weber* (2016), S. 37
182 vgl. *Chies* (2016), S. 29
183 *Güttel* (2017), 89 - 90

2.4.2.3 Berücksichtigung der Unternehmenswerte

Neben den Aspekten der Vision, Mission und Zielsetzung spielen die Unternehmenswerte eine besondere Rolle. "Werte bilden das Fundament der Beziehungen Ihres Unternehmens nach innen und nach außen und sind eine Absichtserklärung zu einem gemeinsamen ethischen Lernprozess."[184] Resiliente Organisationen, die komplexen Veränderungssituationen standhalten können, werden durch ein starkes implizites Wertesystem charakterisiert, welches von gewinnunabhängiger Sinnhaftigkeit begleitet wird.[185]

Die Werte definieren die Verhaltensspielregeln aller Beteiligten, sind allgemein formuliert bzw. werden von allen gelebt. Sie ermöglichen die harmonische Zusammenarbeit im Unternehmen und schaffen Orientierung. Die Werte sind fest in die Unternehmenskultur (Kap. 2.3.2) verankert.[186] "Gerade in Kombination mit der Kultur einer Organisation können Werte sogar ein zentraler Inhalt einer Veränderungsmaßnahme sein, indem durch diese direkt am Kern des Menschenbilds und der gemeinsamen Werte der Organisation angesetzt wird."[187]

Wenn die Veränderungsprojekte im Einklang mit den Unternehmenswerten stehen, kann mit einer erfolgreichen Umsetzung von Veränderungen gerechnet werden. Wichtig dabei ist, dass das bestehende Wertesystem den Mitarbeitern bekannt ist bzw. dieses in gemeinsamer Abstimmung entwickelt wurde.[188] Das Führungsteam sollte ein Verständnis über die vertretenen Interessen und Werte der Mitarbeiter besitzen, um geeignete Maßnahmen konzipieren zu können, die die intrinsische Motivation für die Veränderung ansprechen. Dies wird durch eine intensive Kommunikation ermöglicht.[189]

2.4.3 Partizipation im Prozess

Die Einbindung aller Betroffenen ist ausschlaggebend für den nachhaltigen Erfolg einer Veränderung. Mit der Begrifflichkeit *Partizipation im Prozess* wird die gemeinsame Gestaltung der Veränderung beschrieben."[190] Der Hauptvorteil liegt

---

[184] *Oberleiter* et al. (2016), S. 75
[185] vgl. *Drath* (2016), S. 40
[186] vgl. *Brodbeck* et al. (2014), S. 7
[187] *Brodbeck* et al. (2014), S. 7
[188] vgl. *Weissman* (2014), S. 109
[189] vgl. *Güttel* (2017), 142 - 143
[190] *Bertagnolli* et al. (2018), S. 24

darin, dass auf alle im Unternehmen vorhandenen Fähigkeiten und Kompetenzen zurückgegriffen werden kann.[191] Indem die Mitarbeiter an dem Veränderungsprozess aktiv beteiligt werden, identifizieren sie sich mit der Veränderung, verpflichten sich dafür und Selbststeuerungskräfte auf der Ebene der Mitarbeiter entstehen. Dies führt zu einer Entlastung der Führungskräfte und der Change-Agents (Kap. 2.4.3.1), damit sich das Management auf die strategischen Aspekte der Veränderung konzentrieren können.[192]

Eine Möglichkeit der Einbindung ist die dialogische Kommunikation, bei der die Führungskraft die Rolle des Zuhörers und Nachfragers einnimmt.[193] Dies kann z. B. in Form von interaktiven Workshops stattfinden.[194] Das partizipative Einbinden der Mitarbeiter in den Entwicklungs- und Umsetzungsprozess vermittelt das Gefühl, dass jeder Beteiligte Gestaltungsmöglichkeiten hat, was das Commitment zur neuen Vision fördert (Kap. 2.4.2.1).[195]

Aufgrund variierender Umfeldbedingungen, unterschiedlicher Persönlichkeiten und Erfahrungshintergründe der Mitarbeiter müssen die Führungskräfte eine gesunde Balance zwischen autoritären Alleinentscheidungen und partizipativen Formen der Entscheidungsfindung ausloten.[196]

2.4.3.1 Aufbau eines Change-Agent-Netzwerks

"Ein Kulturwandel braucht eine breitere Basis von Befürwortern der Veränderung, die ihrer Überzeugung gemäß handeln (Kap. 2.3.2.1). Dazu können sog. Change-Agents beitragen."[197] Change-Agents sind Mitarbeiter, die in den Veränderungsprojekten involviert und informiert sind und anderen Kollegen für Auskunft zur Verfügung stehen. Der Aufbau eines Change-Agents-Netzwerk vermittelt den Betroffenen, dass das Management ihre Bedürfnisse, Sorgen und Fragen ernst nimmt. Zudem werden Gerüchte vermieden.[198]

---

[191] vgl. *Kraewing* (2017), 103 - 104

[192] vgl. *Güttel* (2017), 145 - 146

[193] vgl. *Ebert/Münch* (2018), S. 12

[194] vgl. *Bertagnolli* et al. (2018), S. 25

[195] vgl. *Güttel* (2017), S. 147

[196] vgl. *Güttel* (2017), S. 38

[197] *Hehn* et al. (2016), S. 106

[198] vgl. *Agentur Junges Herz* (o. D.)

Die Auswahl der Change-Agents, die „Treiber der Veränderung"[199] sein sollten, kann nach dem individuellen Kompetenzprofil, ihrer Position im Unternehmen, ihrer Verfügbarkeit und/oder ihrer Motivation für diese Aufgabe erfolgen.[200] Auch die erwartete Haltung ist von Relevanz, denn je positiver die Veränderung von den Betroffenen angesehen wird, desto weniger Change-Agents werden benötigt.[201] Als Daumenregeln gilt "10 % der relevanten Mitarbeiter fungieren als Change-Agents und jeder Mitarbeiter kennt einen Change-Agent über weniger als 2 - 3 Stufen"[202]. Diese Schlüsselpersonen müssen Soft-Skills wie soziale Kompetenz und Mut mitbringen und sollten in ihrer Rolle akzeptiert werden,[203] denn ihre Aufgabe ist es, "Muster zu unterbrechen, *out of the box, out of the system* zu denken".[204]

Dabei sollten auch Bremser, Widerständler und Skeptiker konsequent eingebunden und die Promotoren besonders gefordert werden (Abb. 4).[205] „Die Ignoranz oder Akzeptanz dieser Widerständler birgt das Risiko der Ausstrahlung auf andere, grundsätzlich positiv eingestellte Personen in sich."[206] Die fehlende Beteiligung, Einbindung und Befähigung kann das Scheitern der Veränderung auf kultureller Ebene verursachen (Kap. 2.3.2), da die Identifikation mit der Vision und der Veränderung fehlt.[207] Wenn Personen jeglicher Hierarchieebenen die strategischen Entscheidungen des Unternehmens nicht mittragen, ist die unabdingbare Konsequenz die Entbindung der Personen von ihrer Verantwortung und eine Anpassung des Prozederes für Neueinstellungen und Besetzungsentscheidungen.[208]

2.4.3.2 Qualifizierung der Beteiligten

Damit die Beteiligten in dem Veränderungsprozess partizipieren können, bedarf es einer Qualifizierung der Mitarbeiter. Durch das Erweitern des Wissens über Prozesse und Rollen, werden sie praktisch befähigt, die neue Funktion nach der

---

[199] *Meurer* (2018)

[200] vgl. *Hehn* et al. (2016), S. 110

[201] vgl. *Hehn* et al. (2016), S. 109

[202] *Hehn* et al. (2016), S. 111

[203] vgl. *Kraewing* (2017), S. 104

[204] *Klinkhammer* et al. (2015), S. 159

[205] vgl. *Kreutzer* (2018), S. 74

[206] *ProjektmanagementHandbuch.de* (o. D.)

[207] vgl. *Bertagnolli* et al. (2018), S. 5

[208] vgl. *Klinkhammer* et al. (2015), S. 135

Veränderung einzunehmen bzw. ihre alte Funktion trotz der Veränderung weiterhin zu behalten.[209]

Daher spielen die Personalverantwortlichen eine wichtige Rolle, da sie sowohl für die Personalentwicklung als auch für die richtige Auswahl des Personals verantwortlich sind. Die Veränderungsbereitschaft der Personen, die die Veränderung als Herausforderung sehen und daraus Energie schöpfen, (Kap. 2.3.2.1) ist eine Grundvoraussetzung für solch dynamische Zeiten.[210] Das Personalmanagement muss genauso wie das Führungsteam hinhören, welche individuellen Entwicklungsmaßnahmen benötigt werden bzw. müssen sie die mitarbeitergerechten Qualifizierungsmaßnahmen strategisch planen.[211]

Laut einer Studie des Beratungsunternehmens *Promerit* werden die Personaler auch für den Aufbau der Kompetenzen und Skills des Führungsteams als verantwortlich angesehen.[212] Die Führungskräfte sollten weg vom klassischen Management hin zum Leadership entwickelt werden, denn ihre zukünftige Rolle verändert sich immer mehr zum Coach und gleichzeitigem Teammitglied.[213]

Die Qualifizierung stellt nicht nur eine Ausstattung der Mitarbeiter mit den benötigten Kompetenzen dar, sondern ist auch eine subjektiv wahrgenommene Bindung an das Unternehmen, die den Entwicklungsplan der Mitarbeiter ergänzt. Die Entwicklung strategisch individueller Kompetenzen unterstützt die tiefgreifende Identifikation der Mitarbeiter mit den Zielen, Werten und Normen der Organisation und die Erkennung der Sinnhaftigkeit des eigenen Leistungsbeitrags im Team.[214]

2.4.4 Umgang mit Widerstand

Mit neuen Arbeitsprozessen und strategischen Änderungen gehen auch Veränderungen der sozialen Unternehmensstrukturen einher. Der Umgang mit diesen erfordert mentale Kraft und ruft Unsicherheiten und Ängste hervor. Dass Widerstände die Veränderung begleiten, kann jedoch als eine normale Folge wirksamer Veränderungen betrachtet werden.[215]

---

[209] vgl. *Chies* (2016), S. 51

[210] vgl. *Schäffner* (2017), S. 250

[211] vgl. *Agentur Junges Herz* (o. D.)

[212] vgl. *Schahinian* (2018)

[213] vgl. *Weissman* (2014), S. 62

[214] vgl. *Güttel* (2017), S. 89

[215] vgl. *Kraewing* (2017), S. 102

In der Gestaltpsychologie wird der Widerstand als die Reaktion für die Aufrechterhaltung der Selbstbestimmung des Systems unter dem Einfluss externer Stimulation definiert. In der Reaktanztheorie ist der Widerstand die Reaktion für die Wiederherstellung der eigenen Handlungsfreiheit bei wahrgenommener Freiheitseinengung. Je nach subjektiver Wichtigkeit und Umfang der wahrgenommenen Einschränkung bzw. der persönlichen Bereitschaft für Widerstand ist dessen Intensität unterschiedlich ausgeprägt.[216]

Die Führungskräfte sollten in dem Umgang mit Widerstand einen transparenten Austausch etablieren, wodurch die Symptome des Widerstands rechtzeitig erkannt, dessen Ursachen herausgefunden und mit passenden Maßnahmen darauf eingegangen werden kann.[217] Das Ignorieren und Nicht-Beachten von Widerständen kann Blockaden zur Folge haben. Klare Verhältnisse und eine offene Kommunikation können einen positiven Einfluss auf die Beseitigung oder Milderung des Widerstands einnehmen.[218]

Die Widerstandsursachen können nach rationalen und persönlich-emotionalen Ursachen unterschieden werden. Nach dem Eisbergmodell sind die rationalen Ursachen an der Oberfläche sichtbar und die persönlich-emotionalen Ursachen breit, tief und unsichtbar unter der oberflächlichen Fassade zu finden.[219] Die Quellen des Widerstands können ein fehlendes Verständnis für die Veränderung, die imaginäre Angst vor dem Verlust oder das fehlende Vertrauen in die eigenen Führungskräfte sein.[220]

Im Umgang mit dem Widerstand sollte zunächst die Beziehungsebene und anschließend die Sachebene geklärt werden.[221] Denn die Beseitigung des Widerstands durch rein analytische Argumente funktioniert in der Praxis meist nicht.[222] Eine frühzeitige Kommunikation kann dazu beitragen, dass der Widerstand gar nicht oder nur minimal entsteht. Mit der Kommunikation zu warten, bis alle Variablen bekannt sind, kann sich negativ auf den Erfolg auswirken.[223]

---

[216] vgl. *ProjektmanagementHandbuch.de* (o. D.)

[217] vgl. *Wagner* (o. D.)

[218] vgl. *ProjektmanagementHandbuch.de* (o. D.)

[219] vgl. *ProjektmanagementHandbuch.de* (o. D.)

[220] vgl. *Ebert/Münch* (2018), S. 4

[221] vgl. *ProjektmanagementHandbuch.de* (o. D.)

[222] vgl. *Weissman* (2014), S. 105

[223] vgl. *Berner* (2016)

Die Führungskräfte können die Veränderung nicht vollständig top-down durchführen, sondern sie sollten lediglich Impulse und Anleitung anbieten. Des Weiteren ist die Eigeninitiative der Mitarbeiter gefordert (Kap. 2.3.1).[224]

2.4.5 Umgang mit Fehlern

Grundlegend wird die Fehlerkultur als Bestandteil der Unternehmenskultur verstanden (Kap. 2.3.2).[225] Die Fehlerkultur zählt zu den nicht-sichtbaren Bestandteilen der Unternehmenskultur. „Jede Person geht anders mit Misserfolg um, d. h. sie besitzt ein individuelles Fehler-Mindset."[226]

Die Fehlerkultur eines Unternehmens spiegelt sich darin, wie die Gesamtzahl der Mitarbeiter mit Misserfolg umgehen. Grundsätzlich ist ein destruktiver und konstruktiver Umgang mit Fehlern möglich. Bei positiven Fehlerkulturen wird den Mitarbeitern vermittelt, dass *Fehlermachen* dazugehört und sie sich davor nicht fürchten müssen.[227] *Frese* schlägt vor, zunächst eine Akzeptanz gegenüber der Tatsache zu schaffen, dass jeder Mensch Fehler macht.[228] Ein intelligenter Umgang mit Fehlern kann erst angestrebt werden, wenn sich diese Erkenntnis unternehmensweit durchgesetzt hat.[229] Wichtig ist hierbei, „die Angst der Mitarbeiter und Führungskräfte vor den Konsequenzen von Misserfolg zu minimieren, damit sich niemand davon lähmen lässt, sich proaktiv an Neuem oder bislang Unerprobtem zu versuchen. Erst dann kann kreatives bzw. innovatives Potential entdeckt und genutzt werden."[230]

Mandl teilt den Umgang mit Fehler in drei Dimensionen[231] ein:

Fehlerumgang im Vorfeld: In der Vorbereitungsphase sollte den Mitarbeitern bewusstgemacht werden, dass jedes Handeln ein Scheitern nach sich ziehen kann. Dies führt dazu, dass eine Gelassenheit für Fehler entwickelt wird, da diese

---

224 vgl. *Kraewing* (2017), S. 104

225 vgl. *Tschirky/Müller* (1996), S. 96

226 *Mandl* (2017), S. 11

227 vgl. *Mandl* (2017), S. 22

228 vgl. *Katsidou* (2017)

229 vgl. *Schaefer* (2016), S. 188

230 *Mandl* (2017), S. 8 - 9

231 vgl. *Mandl* (2017), S. 22

unvermeidlich sind. Dadurch kann auch bereits im Vorfeld über mögliche Gegensteuerungsmaßnahmen gesprochen werden.[232]

Fehlerumgang beim Auftreten: Der direkte Umgang beim Auftreten des Misserfolges äußert sich in dem sogenannten Fehlerbewusstsein. Während es in positiven Fehlerkulturen als üblich angesehen wird, unmittelbar nach dem Auftreten des Fehlers mit der Suche nach der Fehlerquelle zu beginnen, werden in negativen Fehlerkulturen Abwehrhaltungen hervorgerufen.[233]

Fehlerumgang im Nachhinein: Bei der Nachbereitung der Fehler steht die Fehlerbelastung im Vordergrund. Diese zeigt auf, wie der Misserfolg sich sozial und psychologisch auf den betroffenen Mitarbeiter auswirkt. Auch die intrinsische Motivation (Kap. 2.3.3.1) wird hierdurch beeinflusst. Der Fehler sollte stets akzeptiert und der Fokus auf den Umgang mit diesem gelegt werden,[234] statt „vornehmlich in Kategorien von Schuld und Unschuld"[235] zu sprechen.

2.4.6 Konfliktmanagement

"Konflikte sind eine normale und unausweichliche Begleiterscheinung von Veränderungsprozessen. Change Management ohne Konflikte ist nicht denkbar - ohne destruktive, entwertende und verletzende Austragung von Konflikten aber sehr wohl."[236] Auftretende Konflikte weisen auf eine sich anbahnende Veränderung hin. Die Richtung der Veränderung wird jedoch durch den Umgang mit den Konflikten vorgegeben.[237]

Nach *Klinkhammer et. al.* ist ein Konflikt "die Verneinung einer angebotenen Sinngebung, die durch Anschlusskommunikation gemeinsam differenzierter bearbeitet werden kann".[238] Ein Konflikt entsteht, wenn Bedürfnisse, Handlungsintentionen oder Zielvorstellungen nicht übereinstimmen. Solange sachliche Meinungsverschiedenheiten nicht mit Druck durchgesetzt werden, liegt noch kein Konflikt vor und solange nach einer beidseitigen Win-Win-Lösung gesucht wird, wird ein Konflikt als nicht negativ angesehen. Ein konfliktfreier Zustand existiert nicht. Daher

---

[232] vgl. *Mandl* (2017), S. 12

[233] vgl. *Mandl* (2017), S. 13

[234] vgl. *Mandl* (2017), S. 14

[235] *Mandl* (2017), S. 22

[236] *Berner* (2015)

[237] vgl. *Mettig* (2016), S. 52

[238] *Klinkhammer* et al. (2015), S. 98

sind eine hohe Konfliktfähigkeit und Konfliktbewältigungskompetenz im dynamischen Umfeld des Change Managements sinnvoll und erforderlich.[239] Im Gegensatz zu einem Streit oder einer Meinungsverschiedenheit beschädigen die Konflikte die Beziehungsebene.[240] Daher sollten die Beteiligten aller Hierarchieebenen präventiv gegen die Bildung von Konflikten handeln.[241] "Ein kompetentes Konfliktmanagement erkennt einen Konflikt bereits in einer latenten Phase und stellt die direkte Kommunikation wieder her, kontrolliert den Dialog, legt (womöglich verborgene) Emotionen offen und hilft, die Vergangenheit zu bewältigen und beiderseits tragfähiger Lösungen auszuhandeln."[242]

Eine wertschätzende Gesprächsatmosphäre ist wichtig, damit der persönliche zwischenmenschliche Austausch über Anliegen, Befürchtungen und Wünsche stattfinden kann. Ein regelmäßiges Mitarbeitergespräch über die eigenen Beweggründe, Eigenmotivation und Befürchtungen ist eine weitere Möglichkeit für Konfliktprävention. Dieses Instrument legt den Fokus auf das Menschenbild (Kap. 2.3.1).[243] Die Gesprächsführung sollte empathisch ablaufen. Empathische oder einfühlsame Gesprächspartner werden durch Fähigkeiten wie aufmerksames Zuhören und Beobachten, das Hinterfragen möglicher Differenzen, Interesse an dem anderen und Bewusstsein über die Wirkung der (non-)verbalen Kommunikation charakterisiert.[244] Gleichberechtigung ist eine weitere Anforderung des Konfliktmanagements: "Das heißt konkret, dass jeder Standpunkt gleichermaßen geäußert und angehört wird, dass jedes Anliegen und Kernanliegen gleichermaßen auf den Tisch bzw. zur Sprache kommt [...]. Und auch bei der Suche nach Lösungen [..] jede Idee gleichermaßen"[245] zählt. Die Ehrlichkeit dabei ist unabdingbar, denn nur wenn transparent offengelegt wird, worum es in dem Konflikt wirklich geht, kann eine funktionierende Lösung entwickelt werden. Nach der Lösungsfindung sollten alle Klarheit im Hinblick auf das weitere Vorgehen und die Zielsetzung der Konfliktbearbeitung haben.[246]

---

[239] vgl. *Berner* (2015)

[240] vgl. *Jiranek/Edmüller* (2017), S. 27

[241] vgl. *Jiranek/Edmüller* (2017), S. 61

[242] *Mettig* (2016), S. 52

[243] vgl. *Jiranek/Edmüller* (2017), S. 79

[244] vgl. *Ebert/Münch* (2018), S. 11

[245] *Jiranek/Edmüller* (2017), 115 - 116

[246] vgl. *Jiranek/Edmüller* (2017), S. 116

2.5 Fallbeispiel „IT-Unternehmen"

Als Fallbeispiel wird für diese Arbeit ein mittelständisches IT-Unternehmen verwendet. In dem Unterkapitel 2.5.1 wird das Unternehmen vorgestellt und in dem darauffolgenden Unterkapitel 2.5.2 wird der Kontext zur Aufgabenstellung dieser wissenschaftlichen Arbeit hergestellt.

2.5.1 Unternehmensspezifika

Aus Datenschutzgründen wird in dieser Publikation der Name des Beispielunternehmens sowie die damit verbundenen Unternehmensspezifika anhand des Terminus „IT-Unternehmen" anonymisiert.

2.5.2 Hintergründe zur Strategieplanung

Durch das schnelle Unternehmenswachstum innerhalb der letzten 3 Jahre und durch die schnelle Weiterentwicklung der IT-Branche, befindet sich das IT-Unternehmen in einer Phase, in der die bestehende Strategie überprüft werden muss, ob sie für die vorhandenen Rahmenbedingungen noch erfolgsversprechend ist. Das Ergebnis kann eine Anpassung der bisherigen Strategie oder die Entwicklung einer neuen Strategie mit sich bringen.

Die Ankündigung des geplanten Vorhabens fand bereits im Herbst 2018 statt. Die Durchführung der ersten Workshops, Führungsteam-Meetings und anderen Aktivitäten startete im Januar und dauern zum Zeitpunkt der Erstellung der vorliegenden Bachelor-Thesis noch an.

Die Kommunikation der Zwischenziele und -ergebnisse sowie der weiteren Vorgehensweise zu den nicht involvierten Mitarbeitern erfolgt in regelmäßigen Abständen über das firmeneigene Intranet, Quartalsmeetings, Teammeetings sowie diversen Einzelgesprächen.

Die vorliegende Bachelor-Arbeit soll im Rahmen des Erstellungsprozesses der Strategie eine Hilfestellung für das Führungs- und Change-Team bei der Wahl und Durchführung von Handlungsmaßnahmen darstellen.

3 Methodischer Teil

In dem methodischen Teil wird erklärt, mit welchen Methoden die theoretischen Hypothesen empirisch überprüft werden bzw. eine Begründung geliefert, warum diese Methoden ausgewählt wurden.

3.1 Methodik der empirischen Untersuchung

Die theoretisch aufgestellten Hypothesen hinsichtlich der relevanten Erfolgsfaktoren und Handlungsempfehlungen werden mittels einer empirischen Untersuchung überprüft, um eine quantitative Erfassung der Meinungen der Belegschaft festzustellen.

Empirische Methoden werden in der Forschung eingesetzt, um objektive Gegebenheiten, Meinungen oder individuelle Verhaltensweisen mittels Befragungen, Beobachtung oder Inhaltsanalyse systematisch zu erfassen und auszuwerten.[247] Die Interpretation der Daten sollte neue Erkenntnisse vermitteln und das Formulieren von Aussagen über die Realität ermöglichen.[248] "Kurz gesagt, ist Forschung die Anwendung von Methoden in der Realität mit dem Ziel, neue Erkenntnisse zu sammeln. Das Gegenteil von Forschen ist das zufällige Entdecken oder Alltagserfahrungen machen. [...] Um forschen zu können, ist es häufig notwendig, sich eine eigene Realität zu konstruieren."[249]

Die empirische Forschung kann nach dem deduktiven oder induktiven Ansatz durchgeführt werden. Bei der Deduktion wird die Theorie mittels eigens durchgeführter Beobachtungen überprüft. Bei der Induktion dagegen werden die Erkenntnisse eigener Beobachtungen in einer Theorie verfasst.[250] Die gewählte Methodik wird nach dem deduktiven Ansatz durchgeführt.

Die Forschungsmethoden können sich auch nach ihrer quantitativen oder qualitativen Art unterscheiden. Die Hypothesen dieser wissenschaftlichen Arbeit werden mittels einer Online-Umfrage quantitativ überprüft.[251]

---

[247] vgl. *Wiki.infowiss.net* (o. D.)

[248] vgl. *Endres* (o. D.)

[249] *Endres* (o. D.)

[250] vgl. *Empirio.de* (o. D.)

[251] vgl. E*mpirio.de* (o. D.)

3.1.1 Quantitative Forschungsmethode: Online-Befragung

Als Instrument der quantitativen Forschungsmethode wird für diese wissenschaftliche Arbeit die standardisierte Online-Befragung verwendet. Bei dieser Erhebungsmethode ist sowohl das Instrument als auch die Erhebungssituation einer strengen Form unterzogen.[252]

Die computerunterstützte schriftliche Befragung ist netzbasiert.[253] Der dazugehörige Begriff Fragebogen ist nach *Reinhardt* "eine mehr oder weniger standardisierte Zusammenstellung von Fragen, die Personen zur Beantwortung vorgelegt werden, mit dem Ziel, deren Antworten zur Überprüfung der den Fragen zugrundeliegenden theoretischen Konzepten und Zusammenhängen zu verwenden."[254] Mit dieser Methode kann mit einem relativ geringen Aufwand eine breite Menge an Personen befragt werden.[255]

Die Online-Befragung wird im vorliegenden Fall nicht per Mail versendet, sondern auf dem Umfrageportal *www.umfrageonline.com* als Web-Befragung verfasst. Die Erhebung und Auswertung erfolgen über den Browser, wodurch kein zusätzlicher Aufwand für die Rücksendung der Fragebögen entsteht.[256] Die Umfrage ist anonym und wird über einen Link ohne personalisiertes Login-Verfahren in dem Firmenintranet für alle Mitarbeiter zugänglich gemacht.[257]

Das Ziel ist es, möglichst viele Mitarbeiter zu befragen, um eine repräsentative Aussage der Ergebnisse zu bekommen. In einem derartigen Fall empfiehlt es sich, mindestens 10 % der ca. 200 Mitarbeiter aller relevanten Organisationsbereiche und Funktionen zu befragen.[258]

Um die Rücklaufquote zu erhöhen, werden folgende Schritte[259] unternommen:

- Vorselektion der Personen, die mit einer großen Wahrscheinlichkeit an der Umfrage teilnehmen werden,
- persönliche Vorankündigung der Umfrage,

---

[252] vgl. *Scholl* (2015), S. 77

[253] vgl. *Scholl* (2015), S. 53

[254] *Reinhardt* (2015), S. 11

[255] vgl. *Hehn* et al. (2016), S. 60

[256] vgl. *Reinhardt* (2015), S. 26

[257] vgl. *Reinhardt* (2015), S. 32

[258] vgl. *Hehn* et al. (2016), S. 62

[259] vgl. *Reinhardt* (2015), S. 11 - 12

- übersichtliche Gestaltung, ein möglichst geringer kapazitativer Umfang des Fragebogens und eine persönliche Ansprache,

- persönliches Begleitschreiben (Post im Firmenintranet),

- Kuchen und Getränke im Nachgang als Belohnung sowie evtl. Nachfassaktionen.

Die Mitarbeiter werden in der Einleitung über den Zweck der Befragung informiert. Die Teilnahme ist freiwillig und kann jederzeit abgebrochen und wiederaufgenommen werden.[260]

Die Fragensukzession[261] ist analog zum Aufbau der Bachelor-Thesis:

Auf der ersten Seite werden die Teilnehmer in das Thema und den Zweck der Umfrage eingeführt. Auf der zweiten Seite werden durch einfache Einstiegsfragen wie die Frage nach der Unternehmenszugehörigkeit sowie der allgemeinen Stimmungslage befragt. Auf der dritten Seite wird die Bewertung der theoretischen Erfolgsfaktoren sowie die Häufigkeit diverser Reaktionen in ähnlichen vergangen Situationen abgefragt. Auf der vierten und letzten Seite können die theoretischen Handlungsempfehlungen sowie einzelne Maßnahmen bewertet werden.

Die Fragen sind nicht identisch zu den Untersuchungsfragen, sondern sind inhaltlich und sprachlich an die Zielgruppe ausgerichtet.[262] Die Mehrheit der Fragen sind geschlossen, so dass die "Dimensionen der Antworten vereinheitlicht und vergleichbar gemacht werden"[263] können. Hinzu kommt, dass die Antwortkategorien vorgegeben sind, wodurch "das Gedächtnis aktiviert wird und dem Befragten Aspekte bewusstwerden, auf die er ohne diese Gedächtnisstütze nicht gestoßen wäre"[264]. Durch die Aufnahme der Kategorie *Sonstiges* wird die Selbstentfaltung der Befragten bzw. das Hinzufügen fehlender Antwortkategorien ermöglicht.[265]

Die vorgefertigte Umfrage wurde vor der Veröffentlichung durch den Abteilungsleiter Business Development und durch den Geschäftsführer freigegeben. Bei der Freigabe wurde nach fehlerhaften, überflüssigen oder unklaren Inhalten gesucht.

---

[260] vgl. *Reinhardt* (2015), S. 31 - 32

[261] vgl. *Reinhardt* (2015), S. 22

[262] vgl. *Scholl* (2015), S. 144

[263] *Scholl* (2015), S. 162

[264] *Reinhardt* (2015), S. 17

[265] vgl. *Reinhardt* (2015), S. 17

Drei weitere Personen haben einen Pre-Test[266] für die Prüfung der Inhalte, Grammatik, technischen Fehler und Dauer durchgeführt, dessen Ergebnisse hier aus Kapazitätsgründen nicht präsentiert werden. Das Feedback darauf wurde jedoch bei der Konzipierung der Umfrage berücksichtigt. Ebenfalls wurden die technischen Bedingungen sichergestellt, damit das Umfragetool mit den firmengängigen Browsern (Mozilla Firefox, Internet Explorer) kompatibel ist.[267]

Die durchgeführte Umfrage samt Resultaten ist dem Anlagenteil zu entnehmen.

3.1.2 Auswertung der Ergebnisse

Das Umfrage-Tool fasst alle Daten im Hintergrund zusammen und lässt den Export aller Rohdaten im Excel-, CSV- und/oder PDF-Format für die Weiterverarbeitung zu. Je nach Art der Frage werden die Antworten tabellarisch mit Durchschnittswerten und Standardabweichungen oder grafisch mit Tortendiagrammen ausgewertet und können einzeln exportiert werden.

Nachfolgend (Kap. 4) wird der Hintergrund der einzelnen Fragen erläutert, die Antworten analysiert und interpretiert sowie eine Verknüpfung zum Theorieteil geschaffen. Die Ergebnisse der Umfrage sind gesamtheitlich in der Anlage zu finden. In dem Kapitel 4 werden die Ergebnisse nur deskriptiv vorgestellt.

---

[266] vgl. *Reinhardt* (2015), S. 24
[267] vgl. *Reinhardt* (2015), S. 29

4 Ergebnisse

Das Ziel der Umfrage bestand darin, die theoretisch aufgestellten Hypothesen dieser Arbeit im Unternehmen zu verifizieren oder zu falsifizieren bzw. die generelle Stimmung im Unternehmen zu erfassen. Bei der Konzipierung der Umfrage wurde darauf geachtet, dass die Beantwortung der insgesamt zehn Fragen einen Zeitraum von zehn Minuten nicht überschreitet. Dabei wurden die Fragen in vier Bereiche aufgeteilt:

- Einleitung (Kap. 4.1)
- Allgemeines (Kap. 4.1)
- Erfolgsfaktoren (Kap. 4.2)
- Handlungsempfehlungen (Kap. 4.3)

Die Teilnahme an der Umfrage ist mit einer Teilnehmerzahl von 67 Personen als sehr erfolgreich anzusehen. Dies entspricht ca. 35 % der Mitarbeiter und ist als repräsentativ einzustufen. Von den 67 Personen haben neun Teilnehmer nicht die komplette Umfrage beendet. Deren Antworten werden jedoch in der Auswertung mitberücksichtigt.

Die Ergebnisse werden in den nachfolgenden Unterkapiteln ausgewertet.

4.1 Einleitung und Allgemeines

In der Einleitung wurde in möglichst kurzer Form erläutert, worum es in der Umfrage geht und welches Ziel damit beabsichtigt wird. Hierbei wurde versucht, die wichtigsten Hintergründe möglichst klar und transparent wiederzugeben.

In dem allgemeinen Teil geht es um generelle Fragen zur Dauer des Beschäftigungsverhältnisses sowie zur aktuellen Zufriedenheit und zu Vorerfahrungen bei Veränderungsprojekten. Durch diese allgemeinen Fragen sollte den Befragten ein leichter Einstieg in die Thematik geschafft werden.

Das Ergebnis der *Frage 1* zur Unternehmenszugehörigkeit ergab, dass 9 % der Teilnehmer seit über zehn Jahren, 27 % seit über fünf Jahren, 15 % seit drei bis fünf Jahren und die Mehrheit von 50 % seit weniger als drei Jahren im Unternehmen beschäftigt sind.

Mit der *Frage 2* wird die aktuelle Zufriedenheit im Unternehmen abgefragt, die mittels Schulnoten beurteilt werden soll. Die Mehrheit (42 %) beurteilt die aktuelle Zufriedenheit mit der Note 2. Darauf folgt die Bewertung mit der Note 1 (19 %),

Note 3 (18 %), Note 5 (15 %), Note 4 (4 %) und an letzter Stelle die Bewertung mit der Note 6 (2 %). Die Verteilung der Antworten in Bezug auf die Unternehmenszugehörigkeit fällt relativ ausgeglichen aus. Die Ergebnisse deuten auf eine überwiegend positive Stimmung im Unternehmen hin.

Mit der *Frage 3* sollte sichergestellt werden, dass alle Mitarbeiter darüber informiert sind, dass aktuell eine Strategieüberprüfung bzw. -planung durchgeführt wird. Fast 80 % der Mitarbeiter sind sich dieser Aktivitäten bewusst, während 20 % der Personen nicht im Bilde sind (Kap. 2.5.2). Ca. 20 % der Personen, die nicht im Bilde waren, gehören seit mindestens 5 Jahren zum Unternehmen.

Bei *Frage 4* ging es darum, das Stimmungsbild der Mitarbeiter dahingehend abzufragen, wie sie es empfinden, dass aktuell eine neue Strategie geplant wird. Ca. 40 % der Teilnehmer fühlen sich dabei gut. Es kann davon ausgegangen werden, dass diese Personengruppe eher weniger Widerstand in der Umsetzungsphase leisten werden als z. B. die 2 %, die eine negative Haltung einnehmen. Fast 38 % haben eine neutrale Haltung geäußert.

Die *Frage 5* bezieht sich auf die Vorerfahrungen der Teilnehmer in Hinblick auf den Erfolg des letzten Strategieprojekts (beim IT-Unternehmen oder bei einem anderen Arbeitgeber) an dem sie beteiligt oder von dem sie betroffen waren. Damit sollte geprüft werden, ob die Teilnehmer eine optimistische Grundeinstellung zu Veränderungen besitzen, da sie auf einen positiven Erfahrungsschatz zurückgreifen können oder ob negative Erfahrungserlebnisse aus der Vergangenheit auf die Gegenwart projiziert werden.

Die Umfrage ergab, dass nur 3 % der Befragten von einer gesamthaft erfolgreichen Erreichung der Zielsetzung(en) eines oder mehrerer Veränderungsprojekte berichten können. Weitere 15 % haben eine 75 prozentige Zielerreichung erlebt und bei 34 % wurden nur die Hälfte der vorgenommenen Ziele erreicht. Bei diesen drei Teilnehmergruppen könnten die Erfahrungen eher als positiv bewertet werden und es könnte davon ausgegangen werden, dass sie dem bevorstehenden Projekt eher offen gegenüberstehen.

Schwieriger könnte es bei den restlichen 12 % bzw. 35 % der Teilnehmer sein, die entweder nur 25 % Zielerreichung bestätigen oder gar keine Aussage dazu machen können. Um auch diese Zielgruppen abzuholen und für die neue Strategie zu begeistern, könnten eine intensivere Kommunikation sowie sonstige präventive Maßnahmen erforderlich sein.

Auch bei dieser Frage sind die Antworten in Bezug auf die Unternehmenszugehörigkeit sehr ausgeglichen verteilt.

4.2 Erfolgsfaktoren

Der dritte Teil der Umfrage bezieht sich auf das Kapitel 2.3 dieser Arbeit. Mit den darin beinhalteten drei Fragen sollte überprüft werden,

- als wie wichtig die Erfolgsfaktoren Mensch, Unternehmenskultur und Emotionen angesehen werden (Frage 6),
- ob es weitere wichtige Faktoren gibt (Frage 7) und
- ob und wie ausgeprägt die in Kapitel 2.3 erwähnten Reaktionen in der Praxis durch die Mitarbeiter beobachtet werden konnten (Frage 8).

Da in der Umfrage keine Abgrenzung der Begrifflichkeiten *Erfolgsfaktoren* und *Handlungsempfehlungen* vorgenommen wurde, wurden diese Begriffe im Offenen-Antwort-Textfeld der *Frage 7* vermischt. Ebenso war es bei der Beantwortung dieser Frage nicht deutlich genug, dass im darauffolgenden Teil Fragen zu ausgewählten Handlungsempfehlungen und Maßnahmen folgen werden. Daher wurden einige Begriffe, die in kommenden Fragebereich folgten, bereits davor durch die Teilnehmer thematisiert.

Alle Antworten der *Frage 7* wurden durch die Verfasserin in die vorhandenen Kategorien der Erfolgsfaktoren und Handlungsempfehlungen eingegliedert bzw. einer neuen Kategorie „Sonstiges" zugeordnet.

4.2.1 Faktor Mensch

Laut der Antworten der *Frage 6* wird die Wichtigkeit des Faktors Mensch für die erfolgreiche Implementierung der Strategieumsetzung geteilt, da der Mensch - der Handelnde – zuallererst und am meisten von Veränderungen betroffen ist (Kap. 2.3.1). Über die Hälfte der Befragten (66 %) beurteilen diesen Erfolgsfaktor als außerordentlich wichtig und über 30 % erkennen ihn als ziemlich wichtig an.

In vergangenen Projekten beim IT-Unternehmen oder in anderen Unternehmen konnten folgende menschliche Reaktionen beobachtet werden (*Frage 8*):

Engagement seitens der Mitarbeiter wurde von fast 50 % der Teilnehmer erlebt. Ca. 35 % konnten dies nur gelegentlich und nur 16 % konnten dies nur selten beobachten. Die Akzeptanz für Veränderungsprojekte wurde von 45 % der Befragten gelegentlich, von ca. 35 % oft und von nur 15 % selten bezeugt. Desinteresse und Angst konnten nur gelegentlich oder selten beobachtet werden.

Für das IT-Unternehmen bedeutet dies, dass die bisherigen Erfahrungen der Mitarbeiter im Unternehmen hinsichtlich Veränderungsprojekten eher positiv ausfallen. Die geplanten Maßnahmen müssen durchgehend den Menschen im Fokus haben, damit die Umsetzungsphase reibungslos und nachhaltig stattfinden kann. Alle ausgearbeiteten Handlungsempfehlungen des Theorieteils (Kap. 2.4) stellen den Mensch im Fokus und sollten dazu dienen, dass alle Personen sich in den unterschiedlichen Themenbereichen abgeholt fühlen.

Auf den Faktor Mensch und seine Reaktionen und Hintergründe wurde bereits ausgiebig im Kapitel 2.3.1 eingegangen.

4.2.2 Faktor Unternehmenskultur

Die Wichtigkeit des Erfolgsfaktors *Unternehmenskultur* wurde u. A. durch das Umfrageergebnis eines langjährigen Mitarbeiters unterstrichen, der in der Unternehmenskultur mit ihren Werten ein wesentliches Element für erfolgreiche Veränderungsprojekte sieht.

Insgesamt bewerten fast 45 % der Befragten die Unternehmenskultur als ziemlich wichtig, 35 % sehen sie als außerordentlich wichtig an und nur knappe 20 % finden, dass die Unternehmenskultur mittelmäßig wichtig ist (*Frage 6*).

In diesem Kontext wurden auch Begriffe wie Authentizität, Prinzipien und Werte erwähnt, die als Anforderungen an die neue Strategie gelten und mit der Unternehmenskultur vereinbar sind oder ein Teil davon sein sollten (*Frage 7*).

Der Unternehmensberater *Stoff* äußert sich in einem Interview folgendermaßen: „In einer authentischen Unternehmenskultur ist die Identifikation über Sinn und Gemeinsamkeit vorhanden. Die Mitarbeitenden fühlen sich wohl, es herrscht eine gute Stimmung und das Unternehmen hat Erfolg."[268]

Was die Unternehmenswerte darstellen sollten, welchen Anforderungen diese unterstellt sind und wie der Weg ihrer Entstehung verläuft, wurde bereits in dem Kapitel 2.4.2.3 näher erläutert. Zudem wurde in dem Kapitel 2.5.1 auf die vorhandene Unternehmenskultur des IT-Unternehmens eingegangen, die maßgebend zur erfolgreichen Entwicklung des Unternehmens beigetragen hat. Diese sollte im

---

[268] *Directpoint.ch* (o. D.)

Rahmen der Anpassung oder der Neuerstellung der Strategie nicht verloren gehen oder unverhältnismäßig stark verändert werden.

In der *Frage 8* wurde auf das Kapitel 2.3.2.1 Bezug genommen und danach gefragt, wie oft bei früheren Veränderungsprojekten mangelnde Veränderungskompetenz der Organisation und einzelner Mitarbeiter beobachtet werden konnte. Zusammenfassend bestätigen rund 40 % der Mitarbeiter, dass diese Reaktion in der Praxis oft aufgetreten ist. Weitere 33 % der Befragten konnten dies nur gelegentlich und weitere rund 15 % nur selten erlebt.

Auf den Erfolgsfaktor Unternehmenskultur, der vereinfacht gesagt, die Identität und die emotionale Dimension des Unternehmens darstellt, wurde bereits im Kap. 2.3.2 näher eingegangen und wird an dieser Stelle nicht nochmals thematisiert.

4.2.3 Faktor Emotionen

Die Wichtigkeit des Erfolgsfaktors *Emotionen*, der einen starke Einfluss auf das menschliche Verhalten besitzt, wurde grundsätzlich als hoch eingeschätzt. 57 % der Befragten sahen die Emotionen als ziemlich wichtig und 27 % der Befragten als außerordentlich wichtig an. 8 % erachteten den Faktor als wenig wichtig und ca. 5 % als mittelmäßig wichtig *(Frage 6)*.

Im Rahmen der *Frage 7* gab ein langjähriger Mitarbeiter das Feedback, dass für die Erhöhung der Mitarbeitermotivation die Berücksichtigung der vorhandenen Ängste, Sorgen, Wünsche und Inputs erforderlich sei. „Denn nur so kommt die Motivation jedes einzelnen Mitarbeiters von innen und muss von extern, vom Vorgesetzen und Unternehmen, "nur" gefüttert werden, anstatt komplett neu entfacht.“ Dieser Aspekt wird durch die Verfasserin im Kapitel 2.3.3 thematisiert.

Es konnten insgesamt sowohl positive als auch negative Emotionen durch die Befragten im Rahmen früherer Veränderungsprojekten beobachtet werden. Die Verteilung war hierbei relativ ausgeglichen. Bei rund der Hälfte der Projekte war die Motivation eine oft auftretende Reaktion *(Frage 8)*.

4.2.4 Sonstige Faktoren

Weitere nicht relevante Umfrageergebnisse der *Frage 7* werden nachfolgend aufgezählt. Auf diese wird aus Kapazitätsgründen nur grob eingegangen.

So wurden externe Faktoren wie die <u>Branchenkonjunktur und </u>Marktlage als auch interne Faktoren wie die Umsetzungsdauer, das verfügbare Budget, eine genaue Planung, das Herunterbrechen der Strategie auf einzelne Bereiche, die konsequente Umsetzung mit klar definierten Aufgaben und Zielen als auch ein agiles Vorgehen und Boni als Erfolgsfaktoren aufgezählt.

Im Rahmen der Sichtung der Ergebnisse konnte beobachtet werden, dass die Begrifflichkeiten *Erfolgsfaktoren* und *Anforderungen an der Strategie* teilweise vermischt wurden. Es wurde z. B. der Aspekt der Nachhaltigkeit, der Bezug zur Realität und die Offenheit der Strategie erwähnt, was sich primär auf die Strategie und nicht das Change Management zur Umsetzung der Strategie bezieht.

4.3 Handlungsempfehlungen

Durch den letzten Teil der Umfrage sollte die Meinung der Mitarbeiter zu den im Kapitel 2.4 thematisierten Handlungsempfehlungen abgefragt werden. Mit der *Frage 9* sollte der Einfluss der theoretisch ausgearbeiteten Handlungsempfehlungen für die praktische Umsetzung eines Veränderungsprojektes beurteilt werden. In der *Frage 10* sollte die Wichtigkeit einzelner Maßnahmen bewertet werden, die in dieser Arbeit bereits erwähnt wurden (Kap. 2.4.1 - 2.4.6).

Sowohl bei der *Frage 9* als auch der *Frage 10* wurde das Hinzufügen weiterer, aus Sicht der Mitarbeiter relevanter, Handlungsempfehlungen oder Maßnahmen im Umfragetool ermöglicht.

4.3.1 Kommunikationsmanagement

Die Wichtigkeit der Kommunikation wird mehrheitlich mit fast 85 % der Stimmen als sehr hoch und von den restlichen 15 % der Umfrageteilnehmer als hoch eingestuft (*Frage 9*).

Durch die folgenden Ergebnisse zur *Frage 7* wird eine klare Erwartungshaltung im Hinblick auf die Relevanz der Kommunikation für die erfolgreiche Umsetzung der bevorstehenden Strategie geäußert:

- „Die Kommunikation zu jedem Schritt sollte so zeitnah wie möglich erfolgen und jedem Betroffenen oder indirekt Betroffenen erreichen."

- „Die Kommunikation mit den Mitarbeitern ist wesentlich für ihre Identifikation mit der Strategie, dem Unternehmen und der Unternehmenskultur."

- „Die richtige und proaktive Kommunikation (intern wie extern) der neuen Unternehmensstrategie ist [...] ebenfalls ein sehr wichtiger Punkt."

Ergänzend dazu wurde die Kommunikation auch von weiteren Befragten als ein zu berücksichtigender Aspekt erwähnt (Kap. 2.4.1). Ein interaktives Kommunikationskonzept wie z. B. Workshops wird von der Hälfte der Befragten als ziemlich wichtig erachtet (Frage 10).

Des Weiteren wurde in diesem Kontext sehr oft auf den Aspekt der Transparenz der Ideen, Maßnahmen und Informationen eingegangen, u. A. da diese „das Verständnis und die Akzeptanz" fördern. Auch sollte die Kommunikation der Strategie „verständlich sein und auch die Begründung für die >neue< Strategie [...] nachvollziehbar sein".

Die Wichtigkeit der Informationstransparenz wurde von fast 70 % der Befragten als sehr hoch eingestuft (Frage 10). Nähere Informationen hierzu finden sich im Kapitel 2.4.1.1.

4.3.2 Führung und Leadership

Mit fast 60 % der Stimmen steht die Führung (Kap. 2.4.2) als eine sehr wichtige Handlungsempfehlung an der zweiten Stelle nach der Kommunikation. Weitere 34 % der Mitarbeiter stufen diesen Bereich als hoch ein und nur insgesamt ca. 8 % stufen es als neutral oder niedrig ein (*Frage 9*).

Aus den Antworten der *Frage 7* werden weitere Aufgaben wie Führungsrollen und Verantwortungsverteilung als relevant angesehen. Die Erstellung einer klaren Vision und Mission (Kap. 2.4.2.1) sowie die Definition einer sinnhaften Zielsetzung (Kap. 2.4.2.2) werden von rund 60 % der Befragten als außerordentlich wichtig bzw. von rund 30 % als ziemlich wichtig bewertet (*Frage 10*). Dass eine klare Zielvorgabe bzw. ein auf Ziele fokussiertes Handeln erfolgsmaßgebend ist, haben die Teilnehmer in der *Frage 7* erwähnt.

4.3.3 Partizipation im Prozess

Dass sich die Mitarbeiter einer Beteiligung im Veränderungsprozess wünschen, wurde durch die Ergebnisse aus dem Offene-Antworten-Feld bei der *Frage 7* deutlich. Hierbei wurde z. B. darauf hingewiesen, dass die Strategie gemeinsam mit den Menschen entwickelt werden sollte, damit diese die Entscheidungen leichter mittragen.

Der Wunsch nach Gestaltungsmöglichkeiten sowie nach einem engen abteilungs- und positionsübergreifenden Austausch wurde ebenso geäußert. Der Einsatz von interaktiven Feedbackmöglichkeiten wie Umfragen wird jedoch als ziemlich wichtig und mittelmäßig wichtig (45 % bzw. 34 %) gesehen.

Die Einbindung aller Stakeholder bzw. das Stakeholder-Management wurde durch die Befragten als sinnvoll erachtet. Unter Stakeholder-Management wird „aktive und proaktive Betreuung der Projektbeteiligten, insbesondere der einflussnehmenden Entscheider"[269] verstanden.

Der Einfluss eines Change-Agents-Teams (Kap. 2.4.3.1) wird für den Erfolg von Veränderungsprojekten als eher mittelmäßig bewertet.

Ebenfalls wird die Einflussnahme der Personalverantwortlichen erwähnt, die für die Personalauswahl und die Qualifizierung der Mitarbeiter verantwortlich sind (Kap. 2.4.3.2). Die Entwicklung der Führungskräfte und der Mitarbeiter wird von rund der Hälfte der Befragten als ziemlich erfolgsrelevant und von weiteren 20 – 30 % als außerordentlich wichtig betrachtet.

4.3.4 Umgang mit Fehlern

Ein guter Umgang mit Fehlern (Kap. 2.4.5) wird an insgesamt vierter Stelle und von ca. 30 % der Beteiligten als sehr hoch eingestuft. Fast 60 % hiervon bewerten es auch als eine hoch relevante Handlungsempfehlung. Lediglich 10 % der Mitarbeiter sehen es als neutral für den Erfolg an (*Frage 9*).

Als ziemlich wichtig wurde der Austausch über *Trial- & Error*-Erfahrungen bewertet (59 %). Dies stellt die 5. Phase des 8-Stufen-Modells nach Kotter dar (Kap. 2.2.2), in der Rückschläge eingesteckt bzw. Erfolge gefeiert werden müssen, falls Fehler auftreten.

4.3.5 Konfliktmanagement

Ein gutes Konfliktmanagements (Kap. 2.4.6) wird von 27 % der Befragten als sehr relevante Handlungsempfehlung für den Erfolg von Change-Projekten eingestuft. 60 % der Mitarbeiter sehen es als hoch relevant und nur 10 % sehen die Relevanz eines guten Konfliktmanagements als neutral an (*Frage 9*).

---

[269] *Kraus-und-partner.de* (o. D.)

Rund die Hälfte der Befragten finden sowohl die präventiven als auch die reaktiven Interventionen bei Konflikten ziemlich wichtig bzw. rund 30 % sehen diese als mittelmäßig wichtig (*Frage 10*).

Präventives Konfliktmanagement bedeutet, Warnsignale frühzeitig zu erkennen und diesen entgegenzuwirken, bevor sie Gestalt annehmen. Dabei gilt es, rechtzeitig Erwartungen und Enttäuschung zu erkennen, diese offen zu thematisieren und eine zufriedenstellende Lösung für alle Beteiligten zu suchen.[270] Durch die präventiven Interventionen soll erreicht werden, dass eine Konfliktbildung gar nicht erst stattfindet. Kommt es trotz allen präventiven Maßnahmen zu einem Konflikt, so sollte dieser möglichst schnell gelöst werden, um eine Konfliktverschiebung auf die Beziehungsebene zu verhindern.[271]

4.3.6 Umgang mit Widerstand

Der richtige Umgang mit Widerstand wird von lediglich 22 % der Teilnehmer als sehr wichtig eingeschätzt, während über 60 % die Relevanz als hoch einschätzen (Frage 9).

Für die Beseitigung oder die Minimierung des Widerstands eignet sich z. B. die aktive und frühzeitige Kommunikation seitens des Top-Managements. Fast 40 % der Mitarbeiter empfinden diese Maßnahme als sehr wichtig. Rund die Hälfte der Teilnehmer stufen die Relevanz der Kommunikation im Kontext zum Umgang mit Widerstand als ziemlich hoch.

Was der Widerstand darstellt, warum dieser auftritt und wie dagegen vorgegangen werden kann, wird im Kapitel 4.3.6 näher erläutert.

---

[270] vgl. *Berner* (2004)
[271] vgl. *WPGS.de* (o. D.)

5 Diskussion

In diesem Kapitel wird eine Zusammenfassung durchgeführt (Kap. 5.1), kritisch über die Vorgehensweise und die Ergebnisse diskutiert und ein Fazit gezogen (Kap. 5.2).

5.1 Zusammenfassung

In der vorliegenden wissenschaftlichen Arbeit wurde nach der Erläuterung der Problemstellung (Kap. 1.1) sowie der Hauptfragestellungen (Kap. 1.1.1) zunächst eine Abgrenzung der Themenstellung (Kap. 1.2) durchgeführt.

Daraufhin wurden einige grundlegende Begriffe erläutert, die Schaffung eines gemeinsamen Verständnisrahmens dienen (Kap. 2.1). Durch die Beschreibung von zwei ausgewählten Change-Management-Modellen (Kap. 2.2) sollte der Leser dahingehend sensibilisiert werden, dass Veränderungen einem bestimmten Prozess folgen und dass dabei ein besonderer Umgang mit den Betroffenen empfehlenswert ist. Die Erfolgsfaktoren Mensch, Unternehmenskultur und Emotionen wurden als erfolgsrelevante Aspekte der kulturellen Dimension des Change-Managements in der Umsetzungsphase identifiziert und im Anschluss detailliert beschrieben (Kap. 2.3).

Welche Handlungsempfehlungen einen direkten Zusammenhang zu diesen Faktoren aufweisen und diese positiv unterstützen können, wurde im darauffolgenden Kapitel untersucht (Kap. 2.4).

Es wurde identifiziert, dass ein gutes Kommunikationsmanagement, eine gute Führung und ein gutes Leadership, die Möglichkeit zur Partizipation im Prozess, der richtige Umgang mit Widerstand, ein guter Umgang mit Fehlern sowie ein gutes Konfliktmanagement elementar wichtige Aspekte darstellen (Kap. 2.4.1 - 2.4.6). Im Folgenden wurden ein reales Fallbeispiel und dessen Charakteristika bzgl. der aktuellen Situation zur Strategieentwicklung beschrieben (Kap. 2.5).

Das methodische Vorgehen, welches zur Verifizierung oder Falsifizierung der theoretischen Hypothesen ausgewählt wurde, wurde im methodischen Teil dargestellt (Kap. 3.1). Als sinnvoll erachtet und letzten Endes angewendet wurde das Instrument der quantitativen Online-Befragung.

Die Ergebnisse der Online-Befragung wurden im vierten Teil dieser Arbeit (Kap. 4.1, 4.2, 4.3) in Anlehnung an die Kapitel 2.3 und 2.4 kategorisiert und beschrieben. Hierbei wurde aus methodischen Gründen darauf geachtet, eine Verknüpfung zum Theorieteil zu schaffen.

Abschließend wird nun eine kritische Diskussion durchgeführt und ein Fazit gezogen (Kap. 5.2).

5.2 Fazit und kritische Reflexion der eigenen Vorgehensweise

Die heutzutage übliche dynamische Entwicklung der unternehmerischen Rahmenbedingungen stellt Organisation und Führungskräfte vor die Herausforderung, die sich stets wandelnden und anpassungsbedürftigen Erfolgsfaktoren und Handlungsmaßnahmen zu beachten.[272] Während die Planung von Prozessen und Strategien grundsätzlich planbar und steuerbar ist, wird die Berücksichtigung der emotionalen und kulturellen Mitarbeiterentwicklung oftmals von der Komplexität her unterschätzt und mit wenigen Maßnahmen versehen. Eine verbindliche Zustimmung, ein Verständnis für die Veränderung sowie eine geteilte Verantwortung aller Mitarbeiter sind jedoch unabdingbar für den Erfolg.[273]

In diesem Kontext kann hinterfragt werden, ob die ausgewählten Erfolgsfaktoren (Kap. 2.3) und die beschriebenen Handlungsmaßnahmen (Kap. 2.4) geeignet für die dedizierte Unternehmenssituation aus dem Fallbeispiel sind.

Es wurde hierbei versucht, aus der Vielzahl der Einflussfaktoren und möglichen Handlungsmaßnahmen die jeweils Wichtigsten herauszuarbeiten. Da diese wissenschaftliche Arbeit einer quantitativen Begrenzung der Kapazität unterlag, musste hierbei konsequent priorisiert werden.

Es kann angemerkt werden, dass die Erläuterungen im Kapitel 2.1 hätten näher beschrieben werden können. Auch dies ist jedoch der Abwägung, welche Grundlagen tatsächlich relevant für die Bachelor-Thesis sind, zum Opfer gefallen.

---

[272] vgl. *Güttel* (2017), S. 148

[273] vgl. *Bertagnolli* et al. (2018), S. 6

Aufgrund der hohen Komplexität des Change Managements, „welches individuell auf das Unternehmen angepasst werden sollte",[274] konnte nicht auf alle relevanten Aspekte eingegangen werden, wie z. B. den strategischen und operativen Einfluss, die Art der Veränderungen oder die einzelnen Ebenen.

Die ausgewählten Change Management Modelle (Kap. 2.2) zeigen auf, welche Verhaltensweisen im Veränderungsprozess auftreten können und mit welchen passenden Maßnahmen darauf reagiert werden kann. Aufgrund des geringen zur Verfügung stehenden Rahmens konnten dabei nicht im Detail auf die Modelle eingegangen werden. Doch durch die Beschreibungen sollte es zumindest grob gelungen sein, deren Relevanz und Erscheinungsweise aufzuzeigen. Die gewählten Modelle stellen jedoch nur zwei von insgesamt mehreren existierenden Modellen dar. Hierbei ist die Frage angebracht, ob die gewählten Modelle am geeignetsten für das gewählte Fallbeispiel sind oder ob andere Modelle besser geeignet gewesen wären.

Interessant wäre auch die Analyse typischer Verhaltensmuster und deren psychologische Hintergründe gewesen (Kap. 2.3.1), die bei der erfolgreichen Gestaltung von Change Management Prozessen eine wichtige Rolle spielen.[275] Ein weiterer Aspekt ist, dass nicht alle Personen Änderungen offen gegenüberstehen. Die Umfrage hätte insofern durch Fragen ergänzt werden können, aus der sich Schlüsse zur Anpassungsfreude der Mitarbeiter ableiten lassen. Darauf aufbauend könnte leichter festgelegt werden, mit welcher Intensität die Maßnahmen des Change Managements durchgeführt werden sollten.

Auf die Ebenen der Unternehmenskultur (Kap. 2.3.2) wurde nicht eingegangen. Diese helfen dabei, „auch die tiefliegenden grundlegenden Annahmen zu verstehen - und gerade diese sind für Veränderungsprozesse besonders bedeutend".[276] Erwähnenswert ist, dass ein Großteil der erwähnten Maßnahmen ein Eingreifen in die nicht-sichtbare Ebene der Unternehmenskultur erfordern würden, welche erfahrungsgemäß tief im Unternehmen verankert und nur schwer beeinflussbar ist.[277]

---

[274] *Microtech.de* (2017)

[275] vgl. *Kreutzer* (2018), S. 74

[276] *Brodbeck* et al. (2014), S. 60

[277] vgl. *Hehn* et al. (2016), S. 8

Ein weiterer Punkt, auf den im Rahmen weiterer wissenschaftlicher Arbeiten ein-gegangen werden kann, ist die Rolle der Führungskräfte im einschlägigen Kontext dieser Bachelor-Arbeit. Diese können durch ihre Position im Unternehmen bei Ver-änderungen sowohl als Katalysator oder Stolperstein dienen und bedürfen daher einer besonderen Betrachtung (Kap. 2.4.2). Die Beleuchtung der Fragen nach den idealtypischen Führungstypen,[278] der Rollenverteilung[279] sowie des Modells der Verantwortungstypen[280] wäre in diesem Kontext voraussichtlich erkenntnisreich gewesen.

Was die sonstigen erforderlichen Aktivitäten im Change-Management betrifft, kann dies nur „selten auf Kommunikation reduziert werden [...]. Ansonsten sind Kommunikation und andere Aktionen meistens eng miteinander verbunden."[281] Somit konnte teilweise keine klare Abgrenzung über alle Handlungsempfehlungen hinweg durchgeführt werden. Die ausgewählten Handlungen (Kap. 2.4) über-schneiden sich von der Verortung der Themengebiete oftmals.

Diese Aktivitäten lassen sich teilweise auch nicht exakt messen, sondern stellen in vielen Fällen subjektive Einschätzungen dar. Ob die geplanten Umsetzungen erfolg-reich abgelaufen sind, da bestimmte Handlungen durchgeführt wurden, lässt sich vorab nur grob prognostizieren bzw. ist aufgrund einer Vielzahl von möglichen an-deren Einflussfaktoren sehr schwierig einzuschätzen. „Bei einem Erfolg des Vorha-bens war es wohl genug, bei einem Misserfolg anscheinend nicht. Dieser Umstand begrenzt sehr deutlich die Aussagekraft einer Beurteilung wie „Die Veränderung ist gescheitert, weil die Kommunikation unzureichend war".[282]

Die Beschreibung der empirischen Untersuchung musste im methodischen Teil (Kap. 3.1) aus Kapazitätsgründen begrenzt werden. Hier hätte näher auf die Vorgehensweise der Umfrageerstellung und die Begründung für die ausgewählte Methode eingegangen werden können.

Es stellt sich ebenfalls die Frage, ob die quantitative Forschungsmethode im vorlie-genden Fall tatsächlich besser als die qualitative Untersuchung geeignet ist bzw. ob die Fragen relevant genug für das Forschungsziel sind. Die Verfasserin hatte in dem

---

[278] vgl. *Pütter* (2015)

[279] vgl. *Simcoach.de* (o. D.)

[280] vgl. *Fourier* (o. D.)

[281] *Chies* (2016), S. 26

[282] *Oberleiter* et al. (2016), S. 102

Exposé beide Methoden eingeplant. Die Experten-Interviews konnten jedoch nicht durchgeführt werden, da sie den Rahmen der wissenschaftlichen Arbeit deutlich gesprengt hätten.

Was die Auswertung der Ergebnisse angeht, stellt sich die Frage, ob diese detailliert genug analysiert wurden bzw. ob die richtigen Schlüsse gezogen wurden. Auch wäre grundsätzlich eine bessere Verknüpfung zum Theorieteil geschaffen werden können. Im Rahmen des Ergebnisteils wäre es möglich gewesen, weitere Ergebnisse aus den Umfrageergebnissen abzuleiten bzw. zu schlussfolgern. Der Fokus wurde hierbei jedoch ausschließlich auf die relevanten Umfrageergebnisse gelegt.

Ebenfalls stellte sich nach der Umfrage heraus, dass die Begrifflichkeiten Erfolgsfaktoren und Handlungsempfehlungen nicht deutlich genug abgegrenzt wurden.

Zum Schluss dieser Thesis eignet sich folgendes Zitat:

> „Im Chinesischen gibt es das Wort beziehungsweise das Piktogramm wei-ji, das gleichzeitig für Krise und Chance steht. Wenn es uns gelingen würde, diese tiefe Weisheit in unser Denken zu integrieren, wäre schon für jeden einzelnen von uns viel gewonnen. [...] Eine Krise ist definiert als der Zeitpunkt einer dramatischen Entwicklung, an dem sich entscheidet, in welche Richtung die Entwicklung weitergeht, zum Positiven oder zum Negativen. Aus diesem Verständnis heraus ist die Krise als solche zunächst nichts Negatives."[283]

---

[283] *Weissman* (2014), S. 25

Literaturverzeichnis

Alam, D./Gühl, U. (2016), Projektmanagement für die Praxis, Berlin, Heidelberg.

Bertagnolli, F./Bohn, S./Waible, F. (2018), Change Canvas, Wiesbaden.

Brodbeck, C. F./Kirchler, E./Woschee, R. (2014), Organisationsentwicklung - Freude am Change, Berlin.

Chies, S. (2016), Change Management bei der Einführung neuer IT-Technologien, Wiesbaden.

Drath, K. (2016), Resilienz in der Unternehmensführung, 2. Aufl., Freiburg.

Ebert, H./Münch, E. (2018), Sprache als Instrument der Change- und Innvationskommunikation, Wiesbaden.

Güttel, W. H. (2017), Erfolgreich in turbulenten Zeiten, 1. Aufl., Augsburg, München.

Hehn, S./von Cornelissen, N. I./Braun, C. (2016), Kulturwandel in Organisationen, Berlin, Heidelberg.

Jiranek, H./Edmüller, A. (2017), Konfliktmanagement, 5. Aufl., Freiburg.

Johnson, G./Scholes, K./Whittington, R. (2011), Strategisches Management. Eine Einführung., 9. Aufl., München.

Klinkhammer, M./Hütter, F./Stoess, D./Wüst, L. (2015), Change happens, Freiburg.

Kraewing, M. (2017), Digital Business Strategie für den Mittelstand, Freiburg.

Kreutzer, R. T. (2018), Führungs- und Organisationskonzepte im digitalen Zeitalter kompakt, Wiesbaden.

Mandl, C. (2017), Vom Fehler zum Erfolg, Wiesbaden.

Mettig, T. (2016), Prozesse der Unternehmensführung, 1. Aufl., Studienbrief der SRH Fernhochschule, Riedlingen.

Meyer, J. (2010), Kreativ trotz Krawatte, Göttingen.

Mourlane, D. (2015), Emotional Leading, München.

Oberleiter, E./Reifer, G./Streit, H.-U. (2016), Sustainable companies, München.

Reinhardt, R. (2015), Fragebogentechnik, 2. Aufl., Studienbrief der SRH Fernhochschule, Riedlingen.

Schaefer, J. (2016), Lob des Irrtums, München.

Schäffner, L. (2017), Die Kunst, Einfluss zu nehmen – in und durch Organisationen, Augsburg.

Scholl, A. (2015), Die Befragung, 3. Aufl., Konstanz, München.

Thier, K. (2017), Storytelling, 3. Aufl., Berlin, Heidelberg.

Tschirky, H./Müller, R. (1996), Visionen realisieren, Zürich.

Weber, P. H. (2016), Die Führungskraft als Change Manager, Hamburg.

Weissman, A. (2014), Unternehmenserfolg durch Werteorientierung, Freiburg.

Wippermann, F. (2016), Change Management in komplexen Situationen, Berlin.

Internetquellenverzeichnis

Agentur Junges Herz (o. D.): Change Management - Modelle, Methoden und Erfolgsfaktoren, https://www.agentur-jungesherz.de/hr-glossar/change-management-modelle-methoden-und-erfolgsfaktoren/, abgerufen am 08.03.2019.

Berner, W. (2016): Angst: Die wichtigste Emotion (nicht nur) in Veränderungsprozessen, https://www.umsetzungsberatung.de/psychologie/angst.php, abgerufen am 24.03.2019.

Berner, W. (2004), Konfliktprävention: Die effizienteste Form von Konfliktmanagement, https://www.umsetzungsberatung.de/konflikte/konflikt-praevention.php, abgerufen am 13.05.2019.

Businessmodelcreativity.net (o. D.): Allgemeines zum Begriff „Erfolgsfaktor", http://www.businessmodelcreativity.net/allgemeines-zum-begriff-erfolgsfaktor/, abgerufen am 08.03.02019.

Digitaler-mittelstand.de (2015): Change Management: 8 Phasen nach John P. Kotter, https://digitaler-mittelstand.de/business/ratgeber/change-management-8-phasen-nach-john-p-kotter-7090, abgerufen am 18.03.2019.

Directpoint.ch (o. D.), Authentische Unternehmenskultur, https://www.directpoint.ch/de/themen/marketing/empfehlungsmarketing/authentische-unternehmenskultur, abgerufen am 13.05.2019.

Duden.de (o. D.): Handlungsempfehlung, https://www.duden.de/rechtschreibung/Handlungsempfehlung, abgerufen am 8.03.2019.

Empirio.de (o. D.): Empirische Forschung einfach erklärt, https://www.empirio.de/empiriowissen/, abgerufen am 6.04.2019.

Endres, C. (o. D.): Empirische Forschung - Leitfaden für die Bachelorarbeit & Masterarbeit, https://www.bachelorprint.de/empirische-forschung/, abgerufen am 06.04.2019.

Heidenberger, B. (o. D.): Behalten Sie die Fehlzeiten Ihrer Mitarbeiter auf dem Radar!, https://www.zeitblueten.com/news/fehlzeiten-unternehmen/, abgerufen am 16.02.2019.

Karrierebibel.de (o. D.), Intrinsische Motivation: Diese Faktoren fördern sie, in: https://karrierebibel.de/intrinsische-motivation/, abgerufen am 22.03.2019.

Katsidou, O. (2017): Komplexe vermeiden. Warum wir auch mal was vermasseln sollten, http://www.wiwo.de/erfolg/coach/gesundheit/komplexe-vermeiden-warum-wir-auch-mal-was-vermasseln-sollten/19419150.html, abgerufen am 18.03.2019.

Klarundwertvoll.de (2017), Change Management – 8 Phasen für einen erfolgreichen Unternehmenswandel, https://klarundwertvoll.de/2017/02/24/change-management-8-phasen-fuer-einen-erfolgreichen-unternehmenswandel/, abgerufen am 18.03.2019.

Koch, R. (2015), Die sieben Phasen der individuellen Veränderung, https://change-leadership.org/die-sieben-phasen-der-individuellen-veraenderung/, abgerufen am 18.03.2019.

Königshagen, T. (2016), Change Management im modernen Management, http://www.business-on.de/hamburg/veraenderungsprozesse-change-management-im-modernen-management-_id36578.html, abgerufen am 18.03.2019.

Kraus-und.partner.de (o. D.), Stakeholder Management, https://www.kraus-und-partner.de/wissen-und-co/wiki/stakeholder-management, abgerufen am 13.05.2019.

Lernpsychologie.net (o. D.), Intrinsische Motivation, http://www.lernpsychologie.net/motivation/intrinsische-motivation, abgerufen am 11.03.2019.

Managementportal.de (o. D.), Entscheidende Erfolgsfaktoren, https://managementportal.de/MD/Ksf.htm, abgerufen am 17.03.2019.

Meurer, R. (2018), Change Management: Wie sich Menschen bei Veränderungen verhalten, https://www.business-wissen.de/artikel/change-management-wie-sich-menschen-bei-veraenderungen-verhalten/, abgerufen am 22.03.2019.

Microtech.de (2017), Was ist Change Management, https://www.microtech.de/erp-wiki/change-management, abgerufen am 08.03.2019.

Pütter, C. (2015), 3 wichtige Rollen im Change Management, https://www.cio.de/a/3-wichtige-rollen-im-change-management,3102681, abgerufen am 13.05.2019.

ProjektmanagementHandbuch.de (o. D.), Umgang mit Widerstand im Projektmanagement, https://www.projektmanagementhandbuch.de/soft-skills/
umgang-mit-widerstand-im-projektmanagement/, abgerufen am
17.02.2019.

qmBase.com (o. D.), Konzepte und Modelle des Change Managements, https://
www.qmbase.com/de/change-management-konzepte-modelle/, abgerufen am 08.03.2019.

Sauer, I. (2016), Wie erfolgreiches Changemanagement die Menschen in den
Mittelpunkt stellt, https://upload-magazin.de/blog/12871-it-projekte-
changemanagement/, abgerufen am 22.03.2019.

Schahinian, D. (2018), Change Management: Den Wandel gestalten, https://
www.personalwirtschaft.de/fuehrung/change-management/artikel/
change-management-studienvergleich-den-wandel-gestalten.html, abgerufen am 22.03.2019.

Schewe, G. (o. D.), Change Management, https://wirtschaftslexikon.gabler.de/
definition/change-management-28354, abgerufen am 10.03.2019.

Simcoach.de (o. D.), Rollen im Veränderungsprozess, https://www.sim-
coach.de/de/aktuelles/blog/724-rollen-im-veraenderungsprozess, abgerufen am 13.05.2019.

Sörensen, D. (2018), Change Management-Prozess: Veränderung in 7 Phasen,
https://digitaler-mittelstand.de/business/ratgeber/change-manage-
ment-prozess-veraenderung-in-7-phasen-49659, abgerufen am
17.02.2019.

Stangl, W. (o. D.), Intrinsische Motivation, https://lexikon.stangl.eu/1949/
intrinsische-motivation/, abgerufen am 22.03.2019.

Szczutkowski, A. (o. D.), Kritische Erfolgsfaktoren, https://wirtschaftslexi-
kon.gabler.de/definition/kritische-erfolgsfaktoren-38219, abgerufen am
08.03.2019.

Sztuka, A. (o. D.), Organisationsgestaltung und Strategieumsetzung, http://
www.manager-wiki.com/strategieumsetzung/38-organisationsgestal-
tung, abgerufen am 10.03.2019.

Wagner, E. (o. D.), Vom Umgang mit Widerstand in Veränderungsprozessen, http://www.perspektive-blau.de/artikel/1007b/1007b.htm, abgerufen am 17.02.2019.

Wiki.infowiss.net (o. D.), Empirische Methoden, https://wiki.infowiss.net/Empirische_Methoden, abgerufen am 06.04.2019.

Wipperman, F. (o. D.), Phasen im Change Management, https://www.consultingbay.de/ce/phasen-im-change-management/detail.html, abgerufen am 18.03.2019.

Wirtschaftslexikon24.com (o. D.), Erfolgsfaktoren, http://www.wirtschaftslexikon24.com/d/erfolgsfaktoren/erfolgsfaktoren.htm, abgerufen am 08.03.2019.

Wirtschaftswissen.de (2018), Change Management: Bewährte Modelle und wichtige Ansätze, https://www.wirtschaftswissen.de/personal-arbeitsrecht/mitarbeiterfuehrung/fuehrungsinstrumente/anstzeimchangemanagementdiebewhrtestenmodelle/, abgerufen am 08.03.02019.

WPGS.de (o. D.) a, Emotion und Motivation: Wie Gefühle Mitarbeiter motivieren, https://wpgs.de/fachtexte/motivation/motivation-mit-emotion-wie-gefuehle-mitarbeiter-motivieren/, abgerufen am 24.03.2019.

WPGS.de (o. D.) b, Intrinsische Motivation und extrinsische Motivation, in: https://wpgs.de/fachtexte/motivation/intrinsische-motivation-und-extrinsische-motivation/, abgerufen am 22. 3. 2019.

WPGS.de (o. D.) b, Konfliktprävention: Konflikt vorbeugen, https://wpgs.de/fachtexte/gruppen-und-teams/25-konflikt-vorbeugen-konfliktpraevention/, abgerufen am 13.05.2019.

Zelesniack, E./Grolman, F. (o. D.) a, Change Management Definition – was ist Change Management?, https://organisationsberatung.net/change-management-definition-was-ist-change-management/, abgerufen am 17.02.2019.

Zelesniack, E./Grolman, F. (o. D.) b, Die besten Change Management Modelle im Vergleich, https://organisationsberatung.net/change-management-modelle-im-vergleich/, abgerufen am 08.03.2019.

Abbildungsverzeichnis

Abkürzungsverzeichnis

u. A.   unter Anderem

z. B.   zum Beispiel

Anlage

Online-Befragung samt überarbeiteten Ergebnisse

Einleitung

Im Rahmen meiner Bachelor-Thesis untersuche ich, welche Faktoren für die Umsetzungsphase der evtl. neuen oder angepassten Strategie erfolgsmaßgebend sind bzw. welche Handlungsempfehlungen die erfolgreiche Strategieumsetzung positiv unterstützen würden.

Insbesondere handelt es sich hierbei um die kulturelle Dimension des Change-Managements (Veränderungs-Managements), in der die „weichen" Faktoren eine besondere Rolle spielen. Dieser wichtige Aspekt der Veränderung wird in der Praxis leider oftmals vernachlässigt, obwohl dieser mindestens gleichermaßen wichtig wie die Strategie sowie Prozesse ist.

Das Ziel dieser Umfrage ist es, herauszufinden:

- welche Erfolgsfaktoren aus eurer Sicht bei der Strategieimplementierung relevant sein können bzw. woran die Strategieumsetzung scheitern kann,

- welche Maßnahmen zur Unterstützung herangezogen werden sollten, um die Akzeptanz im Unternehmen zu erhöhen und

- welche zu berücksichtigenden Maßnahmen für euch relevant sind, so dass der Spagat zwischen der mit der Strategie einhergehenden Wandlung und den damit verbundenen Auswirkungen gelingt.

Ich danke euch für eure Unterstützung!

Allgemeines

Frage 1: Unternehmenszugehörigkeit*

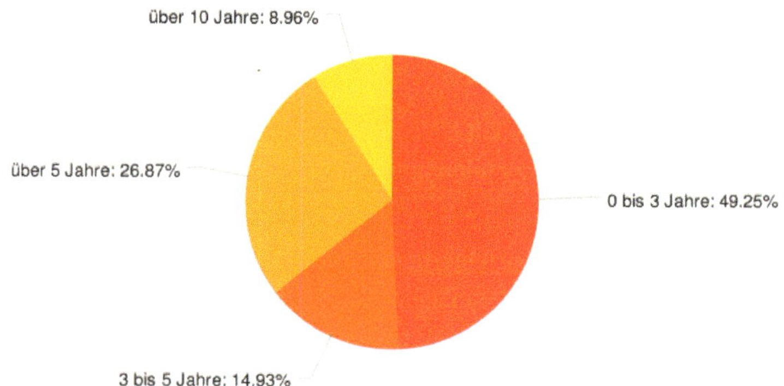

Frage 2: Wie würdest du deine aktuelle Zufriedenheit im Unternehmen beurteilen?*

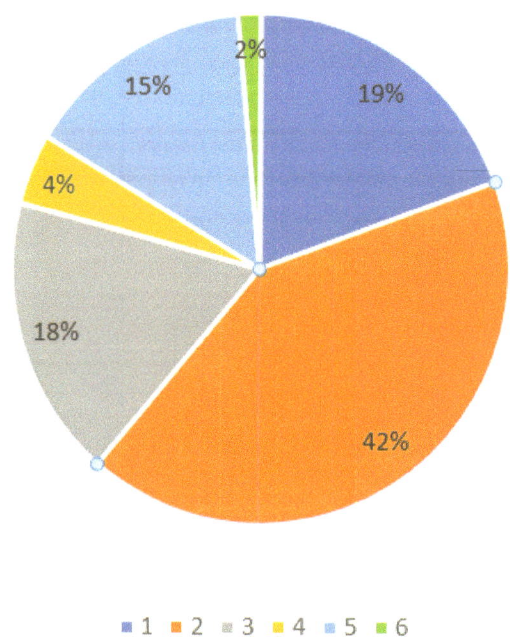

Frage 3: Weißt du, dass das Management aktuell die vorhandene Strategie überprüft bzw. eine neue Strategie entwickelt?*

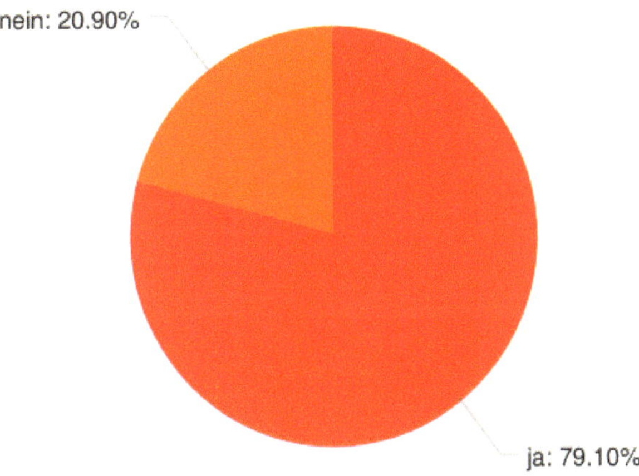

Frage 4: Wie fühlst du dich, wenn du daran denkst, dass das Management evtl. eine neue Strategie entwickelt?*

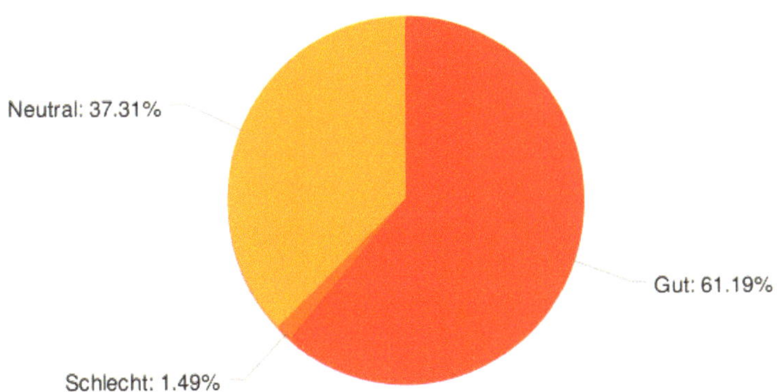

Frage 5: Wie hoch war deiner Meinung nach der Erfolg des letzten Strategieprojekts (im bestehenden Unternehmen oder bei einem anderen Arbeitgeber) an dem du beteiligt oder von dem du betroffen warst?*

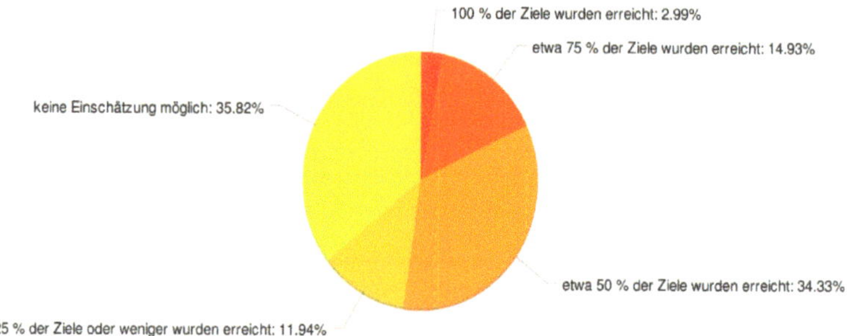

Erfolgsfaktoren

Frage 6: Für eine erfolgreiche Strategieumsetzung werden folgende drei Erfolgsfaktoren als besonders wichtig betrachtet:

- Der Mensch - der Handelnde -, da er von Veränderungen zuallererst betroffen ist und diese mittragen muss.

- Die Unternehmenskultur - die Identität und die emotionale Dimension des Unternehmens -, da sich diese durch die Menschen und durch die Veränderung selbst (weiter)entwickelt.

- Die Emotionen, da sie das menschliche Verhalten bestimmen, was sich wiederum auf die Unternehmenskultur auswirkt.

Wie wichtig sind deiner Meinung nach diese Erfolgsfaktoren für die erfolgreiche Umsetzung der geplanten Strategieprojekte im Unternehmen?*

	gar nicht (1)		wenig (2)		mittelmäßig (3)		ziemlich (4)		außerordentlich (5)		Ø	±
	Σ	%	Σ	%	Σ	%	Σ	%	Σ	%		
Mensch	1x	1,69	-	-	-	-	19x	32,20	39x	66,10	4,61	0,67
Unternehmenskultur	1x	1,69	-	-	11x	18,64	26x	44,07	21x	35,59	4,12	0,83
Emotionen	1x	1,69	5x	8,47	3x	5,08	34x	57,63	16x	27,12	4,00	0,91

Frage 7: Gibt es weitere Faktoren, die für den Erfolg der evtl. neuen Strategie verantwortlich sein könnten? (Kategorisierung der Antworten wurde durch die Verfasserin durchgeführt.)

Faktor Unternehmenskultur

Für unsere Kunden spielt die Unternehmenskultur mit ihren Werten eine wesentliche Rolle. Diese Kultur lebt von den Menschen und ihrer Identifikation mit dem Unternehmen, sie sollten entsprechen abgeholt werden.

Faktor Emotionen

Die neue Strategie muss für die Mitarbeiter nachvollziehbar sein. Sie müssen ein wichtiger Teil dieser Strategie sein, ihre Ängste, Sorgen, Wünsche und Inputs müssen gehört, ernst genommen und berücksichtigt werden. Denn nur so kommt die Motivation jedes einzelnen Mitarbeiters von Innen und muss von Extern, vom Vorgesetzen und Unternehmen, "nur" gefüttert werden, anstatt komplett neu entfacht.

Sonstiges

Branchenkonjunktur, die Marktlage, Markt- und Branchensituation, die Dauer der Umsetzung, Budget, Struktur, genaue Planung, Konsequente Umsetzung mit klar definierten Aufgaben und Zielen, Agiles Vorgehen, Boni

Vorgehen bei der Umsetzung und Verfolgung der Nachhaltigkeit bzw. Korrekturmaßnahmen

Nachhaltigkeit. Löst oder umgeht die neue Strategie nur kurzfristige Problem oder richtet sie die Firma langfristig aus.

Nachhaltigkeit der Veränderung

wie realitätsbezogen sie ist

Die neue Strategie muss es den Mitarbeitern ermöglichen und sie dazu ermutigen entscheidungsfreudig zu agieren und eigenverantwortlich zu handeln.

Offenheit der neuen Strategie

Das alle die Strategie verinnerlichen und auf ihren Bereich herunterbrechen.

Erreichbarkeit

Kommunikationsmanagement

2x Transparenz, klarer Informationsfluss (transparenter Vorgang), Transparenz der Ideen und Maßnahmen ist wichtig, da das das Verständnis und die Akzeptanz fördert.

Die Strategie muss verständlich sein und auch die Begründung für die "neue" Strategie sollte nachvollziehbar sein. Die Kommunikation zu jedem Schritt sollte so zeitnah wie möglich erfolgen und jedem Betroffenen oder indirekt Betroffenen erreichen.

Die Kommunikation mit den Mitarbeitern ist wesentlich für ihre Identifikation mit der Strategie, dem Unternehmen und der Unternehmenskultur.

Die richtige und proaktive Kommunikation (intern wie extern) der neuen Unternehmensstrategie ist m.E.n. ebenfalls ein sehr wichtiger Punkt.

2x Kommunikation, eine gute Kommunikation

Führung und Leadership

Führungsrollen, Verantwortungsverteilung, Grundsatzentscheidungen

Klare Zielvorgabe, auf Ziele fokussiertes Handeln, verfolgte Ziele

Authentizität und Werte. Passen diese zu den neuen Strategien oder sind sie sogar Teil davon?

Die neue Strategie muss sich unbedingt (wieder) an Kunden und Markt orientieren, unter Berücksichtigung unserer Werten und Prinzipien, die uns seit jeher so stark gemacht haben. Nur so bleiben wir erfolgreich. Selbstverständlich sind Strukturen und Prozesse wichtig, diese sollten sich aber aus der Ausrichtung an den Kunden ableiten und nicht umgekehrt.

Partizipation in Prozess

Personelle Entscheidungen, Einbindung aller Stakeholder, ein gutes Stakeholdermanagement

enger Austausch mit Kunden und Kollegen von der Fachabteilung

Ja, es ist wichtig, die neue Strategie zusammen mit den Menschen (Mitarbeitern) zu entwickeln, damit die Strategie mitgetragen wird. Zudem ist es sehr wichtig, Freiräume zur Umsetzung der Strategie zu schaffen, d.h. die beteiligten Mitarbeiter terminlich so zu entlasten, dass Sie Zeit für die Umsetzung haben.

Wie werden die Mitarbeiterinnen und Mitarbeiter mitgenommen? Wird die neue Strategie übergestülpt oder gibt es eine regelmäßige Info oder sogar Gestaltungsmöglichkeiten.

Fachkompetenz

Handlungsempfehlungen

Frage 8: Wenn du an die letzten Strategieprojekte denkst, in denen du mitgewirkt oder von denen du betroffen warst (im bestehenden Unternehmen oder bei einem anderen Arbeitgeber): Welche Reaktionen waren in der Umsetzungsphase bei den Mitarbeitern zu beobachten?*

	nie (1)		selten (2)		gelegentlich (3)		oft (4)		immer (5)		Ø	±
	Σ	%	Σ	%	Σ	%	Σ	%	Σ	%		
Engagement	-	-	7x	11,67	22x	36,67	29x	48,33	2x	3,33	3,43	0,74
Akzeptanz	-	-	9x	15,00	27x	45,00	22x	36,67	2x	3,33	3,28	0,76
Desinteresse	1x	1,67	20x	33,33	22x	36,67	16x	26,67	1x	1,67	2,93	0,86
Angst	3x	5,00	13x	21,67	24x	40,00	15x	25,00	5x	8,33	3,10	1,00
Mangelnde Veränderungsk…	1x	1,67	9x	15,00	22x	36,67	24x	40,00	4x	6,67	3,35	0,88
Mangelnde Veränderungsk…	-	-	8x	13,33	18x	30,00	26x	43,33	8x	13,33	3,57	0,89
Vertrauen in die Führung	1x	1,67	18x	30,00	16x	26,67	25x	41,67	-	-	3,08	0,89
Negative Emotionen	1x	1,67	11x	18,33	26x	43,33	18x	30,00	4x	6,67	3,22	0,88
Positive Emotionen	1x	1,67	10x	16,67	25x	41,67	24x	40,00	-	-	3,20	0,78
Motivation	-	-	6x	10,00	23x	38,33	31x	51,67	-	-	3,42	0,67
Veränderungswille der Mit…	-	-	-	-	1x	100,00	-	-	-	-	3,00	0,00

Frage 9: Wie hoch bewertest du den Einfluss folgender Aspekte für eine erfolgreiche Umsetzung eines Strategieprojektes?*

	sehr hoch (1)		hoch (2)		neutral (3)		niedrig (4)		Sehr niedrig (5)		Ø	±
	Σ	%	Σ	%	Σ	%	Σ	%	Σ	%		
Kommunikation	50x	84,75	8x	13,56	-	-	-	-	1x	1,69	1,20	0,61
Führungskompetenz	35x	59,32	20x	33,90	3x	5,08	1x	1,69	-	-	1,49	0,68
Umgang mit Widerstand	13x	22,03	37x	62,71	7x	11,86	1x	1,69	1x	1,69	1,98	0,75
Umgang mit Fehler	18x	30,51	35x	59,32	6x	10,17	-	-	-	-	1,80	0,61
Konfliktmanagement	16x	27,12	37x	62,71	5x	8,47	1x	1,69	-	-	1,85	0,64
Authentizität	1x	100,00	-	-	-	-	-	-	-	-	1,00	0,00
Freude an Neuem	-	-	1x	100,00	-	-	-	-	-	-	2,00	0,00
ich kann hier ohne Eingab...	-	-	-	-	-	-	-	-	1x	100,00	5,00	0,00

Arithmetisches Mittel (Ø)
Standardabweichung (±)

Frage 10: Als wie wichtig erachtest du die folgenden Maßnahmen bei der Umsetzung von Strategieprojekten, unabhängig davon, ob diese bei dem letzten Projekt (im bestehenden Unternehmen oder bei einem anderen Arbeitgeber) tatsächlich eingesetzt wurden?*

	gar nicht (1)		wenig (2)		mittelmäßig (3)		ziemlich (4)		außerordentlich (5)		Ø	±
	Σ	%	Σ	%	Σ	%	Σ	%	Σ	%		
Interaktives Kommunikat...	-	-	4x	6,78	16x	27,12	29x	49,15	10x	16,95	3,76	0,82
Informationstransparenz	-	-	-	-	2x	3,39	15x	25,42	42x	71,19	4,68	0,54
Klare Vision und Mission	-	-	-	-	1x	1,69	21x	35,59	37x	62,71	4,61	0,53
Messbare, konkrete Ziel...	-	-	1x	1,69	7x	11,86	19x	32,20	32x	54,24	4,39	0,77
Interaktive Feedback-Mö...	-	-	5x	8,47	20x	33,90	27x	45,76	7x	11,86	3,61	0,81
Führungsentwicklung	-	-	1x	1,69	14x	23,73	32x	54,24	12x	20,34	3,93	0,72
Mitarbeiterentwicklung	-	-	1x	1,69	11x	18,64	27x	45,76	20x	33,90	4,12	0,77
Dediziertes Change-Team	2x	3,39	8x	13,56	22x	37,29	24x	40,68	3x	5,08	3,31	0,90
Aktive, regelmäßige Kom..	-	-	2x	3,39	5x	8,47	29x	49,15	23x	38,98	4,24	0,75
Regelmäßigen Austausch....	-	-	4x	6,78	14x	23,73	35x	59,32	6x	10,17	3,73	0,74
Konfliktmanagement prä...	1x	1,69	7x	11,86	17x	28,81	24x	40,68	10x	16,95	3,59	0,97
Konfliktmanagement rea...	-	-	2x	3,39	18x	30,51	33x	55,93	6x	10,17	3,73	0,69
Klare Verhaltensregeln u...	-	-	4x	6,78	11x	18,64	26x	44,07	18x	30,51	3,98	0,88
ich kann hier ohne Einga...	1x	100,00	-	-	-	-	-	-	-	-	1,00	0,00
xyz	-	-	-	-	-	-	1x	100,00	-	-	4,00	0,00

Arithmetisches Mittel (Ø)
Standardabweichung (±)